Daniel Marmolejo

I0415368

GUÍA BÁSICA DE LA LUCHA OBRERA

Conceptos fundamentales de economía y política para la clase trabajadora

1ª edición: julio 2016
2ª edición (corregida y aumentada): febrero 2017
3ª edición (corregida y aumentada): abril 2019
4ª edición (corregida y aumentada): febrero 2020

ÍNDICE

Prólogo..5
Economía política
1. La ley del valor..11
2. La propiedad del trabajo...............................17
3. Los sistemas económicos históricos...........23
4. El funcionamiento del capitalismo.............33
5. El imperialismo..47
Lucha de clases
6. Las clases sociales...57
7. Los tres tipos de lucha obrera.......................67
8. La lucha económica: el sindicato y la huelga...........71
9. La lucha ideológica: la conciencia de clase...........83
10. La lucha política: el partido obrero..............93
El sistema socialista
11. La revolución socialista y el nuevo Estado proletario.........99
12. Ejemplos históricos de socialismo.............111
El materialismo dialéctico
13. Idealismo y materialismo...........................125
14. Filosofía e historia del socialismo. Karl Marx...................133
Apéndices
Bibliografía...139
Agradecimientos...141
La Internacional..143
Índice de conceptos..145

PRÓLOGO

Estimada lectora, estimado lector:

¿Te pasas el día trabajando y cada vez te recortan más en salario y en derechos? ¿O te gustaría, pero estás desempleada/o y no encuentras un empleo?

¿Te has dado cuenta de que a los grandes empresarios no les afecta la crisis?

¿Te la intentaron colar diciéndote que eras «clase media» pero te sobra mes al final del sueldo?

¿Estás cansada/o de que siempre nos aprieten a los mismos, en nombre del libre mercado y la competitividad?

Si es así, lo siento por ti. Pero tengo buenas noticias: existe una salida a tu situación, a la mía, y a la de todas las personas que trabajamos (o buscamos trabajo) para poder comer. No es nueva, pero cada vez se hace más necesaria.

Te la cuento en este libro, donde también pretendo acercarte y explicarte otros conceptos útiles para entender mejor nuestra economía y nuestra sociedad.

El texto está separado en cuatro temas básicos: la economía política, la lucha de clases, el socialismo y el materialismo.

En la primera sección, la de economía política, se hace un recorrido por el capitalismo, su funcionamiento, su historia y desarrollo, hasta acabar en la situación actual, el imperialismo monopolista.

La segunda parte del libro describe las clases sociales, atendiendo a sus condiciones económicas objetivas, y la lucha de clases, la que ha existido a lo largo de la historia y la actual, la que llevan a cabo los trabajadores y los burgueses.

La tercera parte del libro se ocupa de describir la revolución socialista y sus estadios posteriores: la sociedad socialista y el comunismo.

Y, por último, la cuarta parte, quizá la más compleja, habla superficialmente de las ideas filosóficas que dan base al marxismo y al movimiento obrero, así como de su historia, y de sus principales ideólogos, Karl Marx y Vladimir Lenin.

Si te gusta el libro, te ha resultado útil o has aprendido con él, por favor, **compártelo**. Haz que llegue a más gente, préstalo, dónalo, háblale a la gente sobre él. Déjame una reseña en Amazon o Goodreads, si quieres, comentando lo que te ha parecido, o envíame un mensaje a mi correo electrónico (*genossedaniel@outlook.com*).

Cómo leer este libro

Con el objeto de que este libro sirva de referencia y de introducción, los principales conceptos están resaltados en el texto y vienen listados en un índice alfabético al final del libro, para que sea más fácil localizarlos.

Asimismo, al final de cada capítulo incluyo una bibliografía de referencia para quien le interese ampliar su información.

Espero que este libro te sea de utilidad. Muchas gracias por pararte a hojearlo.

ECONOMÍA POLÍTICA

1. LA LEY DEL VALOR

Para emprender nuestro estudio sobre el trabajo, debemos empezar por analizar los intercambios de mercancías. Vamos a buscar qué determina estos intercambios; por qué unas cosas son más caras y otras son más baratas.

Para que las mercancías se intercambien, deben ser útiles: una mercancía sin ninguna utilidad no será intercambiada por ninguna otra. Esta utilidad es lo que llamamos **valor de uso**. El valor de uso no solo existe para las mercancías que cubren necesidades básicas (como la comida o la ropa); puede surgir de modas o caprichos. Un producto que solo sirve para coleccionarlo (como, por ejemplo, un muñeco de animación) también tiene valor de uso.

Sin embargo, aunque el valor de uso es imprescindible para que una mercancía sea intercambiada, resulta evidente que no es suficiente para que el intercambio se produzca. La cualidad que poseen todos los productos susceptibles de ser comprados o ejemplo). Por supuesto, estos valores de intercambio no son fijos. Lo veremos a continuación.

Dijimos antes que nuestra alfarera elabora diez platos en un día, como promedio. Pero nuestra alfarera no es la única alfarera que hay en la sociedad; existen más alfareras que fabrican platos y los venden en el mismo mercado, y también hacen diez platos al día.

Nuestra alfarera quiere poder comprar más comida, y por lo tanto intenta trabajar más rápido. Tanto se esfuerza, que en el mismo tiempo de trabajo, hace doce platos en lugar de diez. Sin embargo, su valor de cambio no ha variado: esto es así porque la mercancía se cambia según el tiempo de trabajo promedio de todos los productores (el socialmente necesario), no solo el de un productor individualmente.

Para poder fabricar más platos en el mismo tiempo, la alfarera compra un horno más rápido y potente. Ahora puede fabricar 15 platos al día y, por lo tanto, puede comprar más cosas que las demás alfareras. Pero, poco a poco, las demás alfareras también van comprando hornos mejores y consiguiendo producir más rápido. De este modo, la producción de todas se va igualando, de manera que en el mercado acaban más platos que antes, y su precio baja, a raíz de que ahora se necesita menos tiempo de trabajo para fabricar cada plato. Esto nos demuestra que *el valor de cambio de un producto es el tiempo de trabajo socialmente necesario para fabricarlo*. Es lo que denominamos **ley del valor**.

Si el valor de cambio equivale al tiempo de trabajo que contiene una mercancía, podríamos pensar que los productores más torpes y que tarden más en fabricar algo venderían sus mercancías más caras. Por eso debemos recalcar que el valor de cambio es el tiempo de trabajo *socialmente necesario*: es un promedio de los productores del mercado. Esto significa que si un productor tarda más que el promedio en fabricar su producto, estará en desventaja respecto de los demás, dado que no podrá vender más caro su producto: si intenta venderlo por un precio mayor, el comprador recurrirá a otro productor que venda más barato.

El dinero

Originalmente, los intercambios de mercancías se producían de unas por otras. Es decir, cada plato de nuestra alfarera se cambiaba por un kilo de manzanas, como decíamos antes. De ese modo, en nuestro caso la ley del valor puede establecerse en:

- 1 plato = 1 kg de manzanas
- 1 plato = 0,5 kg de pescado
- 1 plato = 1 litro de leche

Sin embargo, lo más común es que la alfarera no necesite manzanas a la vez que el recolector necesita platos. Lo mismo con la pescadora o el ganadero. Por eso se buscó una mercancía que sirviera como equivalente general. Esta mercancía pasa a ser la materialización del valor.

Uno de los primeros equivalentes generales que se usaron para intercambiar fue el ganado; era el que se usaba en Grecia alrededor del siglo x antes de nuestra era. Sin embargo, su utilización para el comercio era muy inadecuada: el ganado requiere un costoso mantenimiento, hay que alimentarlo y cuidarlo, y su transporte es muy caro, así que no era aceptable para civilizaciones que comerciaban a largas distancias (como los fenicios). Además, el ganado no es divisible más allá de las reses individuales. Por eso se buscaron alternativas como las pieles.

Finalmente se acabaron utilizando los metales preciosos (sobre todo el oro, también la plata o el cobre) como equivalente general, por ser los que menos inconvenientes presentaban. Eran fáciles de transportar y de dividir, a diferencia del ganado. Por otro lado, presentaban el problema de que para utilizarlos en alguna transacción hacía falta pesarlos. Esto se solucionó moldeándolos en forma de monedas, todas del mismo tamaño y peso.

De esta manera surgió el **dinero**, que no es más que un producto que representa el valor de los demás. El dinero toma la forma de monedas (los metales de los que hemos hablado) o billetes, que son pedazos de papel sellados por una autoridad que certifica que ese papel equivale a una cierta cantidad de metal, es decir, de monedas.

Por esto, el dinero no tiene valor de uso en sí mismo. Solo sirve para ser intercambiado, pero con él no puede hacerse nada; su utilidad es, por tanto, secundaria. No obstante, dado que se puede intercambiar por cualquier otra mercancía o por trabajo, es habitual que la gente lo acumule.

Para leer más

- Isacovich, Marcelo, *Introducción a la economía política*, Ed. Cartago, Buenos Aires, 1974, capítulo II.

- Harnecker, Marta, *Cuaderno de educación popular n.º 2 "Explotación capitalista"*, Ed. Akal, 1979, primera parte.

- Chaparro Zapana, Francisco, *Teoría económica del capitalismo (análisis marxista actualizado)*, Ed. San Marcos, Lima, 2010, capítulo V.

- Eaton, John, *Political economy*, Current Book House, Bombay, 1952, capítulo II.

- TEXTO CLÁSICO: Marx, Karl, *El capital*, libro I.

2. LA PROPIEDAD DEL TRABAJO

En el capítulo primero, hemos visto cómo se fijan los precios y que su valor proviene del trabajo que se emplea en hacer los objetos. Sin embargo, no hemos visto nada de cómo se distribuye el trabajo.

En el mundo existen muchas situaciones diferentes a este respecto. Vamos a empezar el estudio poniendo el ejemplo sencillo de una tejedora.

El trabajo de la tejedora consiste en coger un ovillo de lana y tejer para convertir esta lana en jerséis, bufandas, calcetines...

La tejedora necesita, en primer lugar, lana. También necesitará unas agujas de punto, que serán las que utilice para trabajar. Y también le hace falta un sitio donde ponerse a tejer, un taller. Estas tres cosas son condiciones imprescindibles para que la tejedora lleve a cabo su trabajo.

La **materia prima** son los productos que una persona transforma cuando trabaja. Para nuestra tejedora, la materia prima es la lana. Los **medios de trabajo** son los objetos que esta persona necesita para poder transformar la materia prima, y así realizar su trabajo. Para nuestra tejedora, los medios de trabajo son las agujas y el taller.

Tanto la lana como las agujas y el taller son necesarios para poder fabricar los jerséis y las bufandas. Esto es lo que llamamos **medios de producción**.

Nuestra tejedora, como hemos dicho, convierte la lana en jerséis y bufandas, utilizando las agujas dentro de su taller. Pero hay algo que aún no hemos tenido en cuenta, y es lo que aporta la propia tejedora: su **fuerza de trabajo**. La fuerza de trabajo es la energía consumida por la tejedora para llevar a cabo su trabajo. Esta energía se consumirá a lo largo de la jornada de trabajo y, por eso, la tejedora, como cualquier trabajador, necesitará descansar. Solo de este modo podrá reponer la fuerza de trabajo consumida para poder trabajar durante otra jornada.

Por lo tanto, para poder producir mercancías hacen falta medios de producción y fuerza de trabajo.

El ejemplo que hemos expuesto es el de una trabajadora autónoma, la tejedora, que realiza el trabajo completo. Compra su lana, utiliza su fuerza de trabajo, trabaja en su taller y vende sus jerséis y sus bufandas. Es dueña de sus medios de producción y, por lo tanto, tiene el control sobre su trabajo.

Hoy en día, sin embargo, la mayoría de las personas que trabajan no lo hacen de manera autónoma, sino *social*. Esta manera social de trabajar implica una especialización del trabajo: normalmente, cada trabajador lleva a cabo una o dos tareas, no participa en el proceso de trabajo completo.

Lo veremos más claro con un ejemplo: pensemos en una fábrica de sillas. En la fábrica de sillas, hay empleados que hacen la recepción de la madera, otros que la cortan, otros que encajan las piezas ya cortadas para hacer las sillas, otros que cargan las sillas en los camiones y las llevan a las tiendas... incluso otros empleados que verifican la calidad de las sillas. Todos los empleados y las empleadas tienen una función específica.

Además, en la mayoría de los casos (salvo en las cooperativas), estas personas trabajan en una fábrica y con unas herramientas que no les pertenecen. La fábrica y las herramientas tienen un dueño, o varios, que no trabajan allí.

En este caso, y a diferencia de la tejedora, los trabajadores no poseen los medios de producción, solo son dueños de su fuerza de trabajo, pero de nada más. Los trabajadores venden su fuerza de trabajo durante unas horas al día, a cambio de una remuneración, que es lo que llamamos **salario**. Por eso decimos que los trabajadores son **asalariados**.

Los medios de producción, por otro lado, pertenecen a los **burgueses**, también llamados **empresarios**, **capitalistas**, **patronos**... Los burgueses utilizan sus medios de producción para obtener un beneficio, igual que hacía la tejedora de nuestro ejemplo anterior. Sin embargo, en nuestra fábrica de sillas, el burgués no cumple ninguna función; no trae la madera, no la corta, no monta las piezas, no lleva las sillas a las tiendas... todo esto lo hacen los trabajadores.

Por lo tanto, el burgués utiliza sus medios de producción (pero no su fuerza de trabajo) para vivir. Su objetivo es obtener un beneficio, y los **trabajadores**, con su fuerza de trabajo, son quienes le permiten obtener ese beneficio.

Como hemos dicho, los burgueses no trabajan en las fábricas que poseen; muchas veces son dueños de varias fábricas a la vez y no las visitan a menudo. Por eso, las labores de coordinación y gestión las delegan en algunos trabajadores, que controlan y administran el trabajo y a los demás trabajadores. Estos son los **trabajadores indirectos**. Más adelante hablaremos de ellos, por su posición especial en el proceso productivo.

El objetivo del burgués es obtener el máximo beneficio. Para ello, le interesa que se produzca mucho, vender caros sus productos para ingresar mucho, y gastar poco, lo mínimo. Uno de los mayores gastos del burgués son los salarios de los trabajadores, y por lo tanto, es algo que el burgués siempre intenta reducir. Esto hace que el burgués pague a sus trabajadores el salario más bajo que pueda pagarles[2].

Por otro lado, los trabajadores solo tienen su fuerza de trabajo, así que dependen del salario que obtienen vendiéndola. Este salario es el que les permite vivir. Por eso los trabajadores necesitan trabajar; de lo contrario, no tendrían para comer y morirían de hambre.

Este enfrentamiento de intereses se llama **lucha de clases** y lo estudiaremos a fondo a partir del capítulo 6. Es la consecuencia de la **propiedad privada**: dado que los medios de producción tienen dueños, estos dueños pueden trabajar ellos mismos con esos medios o dejar que lo hagan otros, a cambio de obtener de ellos un beneficio.

Por último, hemos hablado de las **cooperativas**. En las cooperativas, los trabajadores trabajan socialmente y tienen un trabajo especializado, como comentábamos antes. La diferencia

---

2   Decimos «que pueda pagarles» porque aquí intervienen muchos factores, entre ellos el mercado laboral (salario mínimo según legislación, negociación sindical, ...) o la situación personal del trabajador.

con las demás empresas es que los trabajadores son, colectivamente, los dueños de las fábricas y de las herramientas que componen la empresa. Por lo tanto, todos participan por igual en la creación de la riqueza y reparten sus frutos, sin que haya ninguno que se beneficie del trabajo de los demás.

Para leer más

- Harnecker, Marta, *Cuaderno de educación popular n.º 1 "Explotados y explotadores"*, Ed. Akal, 1979.

- TEXTO CLÁSICO: Marx, Karl, *El capital*, libro I, capítulo V.

3. Los sistemas económicos históricos

Hemos visto en el primer capítulo cómo funciona la economía, de una manera muy básica, y en el segundo cómo se estructura el trabajo en nuestro sistema económico. Pero nuestro sistema económico, el capitalismo, no ha existido siempre; la realidad es que no tiene más de 300 años y en gran parte del mundo no tiene más de un siglo. Antes del capitalismo existieron diversos sistemas de producción, diversos tipos de economía que fueron evolucionando y sucediéndose.

La comunidad primitiva

La diferenciación del ser humano respecto de los primates mayores se establece en la fabricación de herramientas; para fabricarlas, es necesaria la existencia de trabajo. La aparición del trabajo tuvo diversas implicaciones en la evolución humana: no solo fisiológicamente (transformación de la mano, posición erguida) sino también en el comportamiento: el trabajo creó lazos que no existían hasta entonces entre los miembros de las manadas. De este modo surge la sociedad humana, que formaba **comunidades primitivas.**

En la comunidad primitiva, la base de las relaciones de producción es la propiedad en común. No podía ser de otro modo, por la necesidad de supervivencia y por la debilidad individual de cada miembro del grupo por separado. No existía la propiedad privada de los medios de producción; solo algunas herramientas pertenecían a cada individuo como propiedad personal (sobre todo armas de defensa propia).

Con el perfeccionamiento de las herramientas se produce la primera división del trabajo, por sexo y por edad: los hombres salían a cazar, las mujeres se dedicaban a recolectar, y posteriormente a la agricultura y la ganadería.

El crecimiento de las tribus y el desarrollo de la agricultura y la ganadería dieron lugar a la *división social del trabajo*: se formaron tribus agrícolas y otras de pastores, que fueron mejorando su trabajo y generando excedente. Las tribus nómadas de pastores generaban más productos animales de los que consumían; lo mismo pasaba con las tribus agrícolas y los productos vegetales. Los agrícolas necesitaban productos animales, y los pastores, productos de la agricultura. Por esto se empezó a comerciar.

Al mismo tiempo, dentro de estas tribus ganaderas o agrícolas, había individuos que se dedicaban a otras actividades, como la fabricación de herramientas o la alfarería, que se hacían difíciles de compaginar con las tareas ganaderas o agrícolas. Así se especializaban los individuos en diferentes profesiones.

Las fuerzas de producción se acabaron desarrollando hasta sobrepasar el marco de la propiedad colectiva. Los instrumentos de producción habían mejorado de tal manera que ya no era necesario realizar el trabajo de forma comunitaria; por esto empezaron a emerger las economías individuales, a nivel familiar.

La aparición de estas economías individuales trajo aparejado el desarrollo del trueque. Al principio, el trueque lo llevaban a cabo los jefes y patriarcas de los clanes entre sí, representando a la comunidad. Pero con el paso del tiempo, los jefes empezaron a comportarse con el excedente dedicado al trueque como si les perteneciera. Fue así al principio con el ganado, luego con las herramientas, y finalmente con la tierra. Es aquí donde surge la **propiedad privada**.

Estos jefes, ahora propietarios de los productos de la tierra, empezaron a constituir una nueva clase social, una clase de aristócratas. El resto de los miembros de la comunidad dependían de estos aristócratas de una u otra manera. Este es el primer precedente de las clases sociales.

Además, con la generación de productos excedentes, ya no era necesario matar a los prisioneros obtenidos en guerras, como antes cuando escaseaba la comida. Ahora es más productivo obligarlos a trabajar, para aumentar la productividad de las haciendas familiares. Este cambio supone el comienzo del **esclavismo**.

El esclavismo

Los prisioneros de guerra, convertidos en esclavos, dependían por completo de sus amos, los esclavistas. Estos esclavistas utilizaban a los esclavos como instrumentos de trabajo y podían explotarlos, venderlos como mercancía, o sacrificarlos si no les eran útiles. No eran considerados personas y no tenían derechos.

Esta es la primera división en clases, entre esclavos y esclavistas. El incremento de producción asociado a la posesión de esclavos incrementó las desigualdades: las familias que poseían esclavos se enriquecían de un modo más rápido y fácil que aquellas que no los poseían. Las familias pobres, por otro lado, no poseían esclavos y en muchos casos acababan cargadas de deudas; se veían obligadas a someterse a la esclavitud hasta que las deudas se saldaran, lo cual a veces no ocurría nunca.

Inicialmente, la esclavitud tenía un alcance meramente doméstico; sin embargo, conforme se fue desarrollando la fabricación de herramientas, la esclavitud amplió su alcance, y los esclavos empezaron a ser utilizados para todo tipo de trabajos.

El esclavismo fue, también, la época de surgimiento del Estado, que fue el instrumento que nació para defender la propiedad privada y para reprimir a la mayoría explotada en favor de la minoría explotadora. Grecia y Roma eran estados esclavistas, y sus «democracias»[3] cumplían esta función, la de defender los intereses de los esclavistas.

Sin embargo, el sistema de producción esclavista presentaba grandes limitaciones. Por un lado, la explotación de los esclavos era tan despiadada, que acababan agotándose rápidamente y muriendo o quedando inútiles para el trabajo, así que los Estados se veían obligados a entrar en guerra para capturar más esclavos. Por otro lado, la productividad del trabajo esclavo era muy baja, por el lógico desinterés de los esclavos y los frecuentes sabotajes que llevaban a cabo.

---

3   La palabra *democracia* la inventaron los griegos para denominar un 'gobierno del pueblo'. Los esclavos no eran considerados personas, por eso no tenían derechos. Estos sistemas políticos, por esto, hoy no serían considerados democracias.

Además, los grandes latifundios de esclavistas conseguían producir sus mercancías a costes mucho más bajos que los pequeños campesinos, así que eran más competitivos, llevando a estos últimos a la ruina. Para estos pequeños campesinos, el peso de los impuestos era mucho más acusado; no debemos olvidar, también, que a base de impuestos se financiaban las guerras necesarias para obtener más esclavos.

Desde un punto de vista global, el sistema esclavista era esencialmente improductivo. La riqueza generada por los esclavos se utilizaba, en gran parte, en satisfacer caprichos personales de los esclavistas, mientras que muy poco se utilizaba en mejorar el sistema productivo.

Por todo esto, el sistema esclavista se acabó hundiendo. Los estados esclavistas (sobre todo el último y más importante, Roma) dejaban de ganar guerras y perdían sus fuentes de esclavos; esto, unido a la constante aniquilación de esclavos por los trabajos forzados y a sus constantes sublevaciones supuso el colapso de la economía esclavista. La pérdida de rentabilidad de la economía empujó a muchos esclavistas a liberar a sus esclavos; los grandes terratenientes acabaron entregando parcelas de sus tierras a los antiguos esclavos o los pequeños campesinos para que las trabajaran, dando inicio al siguiente sistema de producción, el feudal.

El feudalismo

El **feudalismo** ha existido en casi todos los lugares del mundo, y aún existe, en la práctica, en algunas zonas.

Bajo el sistema de producción feudal, los grandes terratenientes cedían parcelas de sus tierras (es decir, *feudos*) a pequeños campesinos para que las explotaran. Los campesinos y los antiguos esclavos se habían convertido así en **siervos de la gleba.**

Los siervos eran personas que vivían ligadas a su parcela de tierra. Esta tierra pertenecía al señor feudal, que podía venderla a otros señores junto con los siervos que la trabajaban. Pero, a diferencia de lo que ocurría con los esclavos, el señor no podía matar al siervo.

La forma en que el siervo de la gleba debía trabajar para el señor varió durante el transcurso del tiempo. Inicialmente, el siervo debía trabajar unos días en la tierra de su señor y los otros en la tierra que le había sido cedida. Sin embargo, esto hacía que su productividad en la tierra del señor fuera muy baja y no tuviera interés en incrementarla. Es el sistema de *renta en trabajo.*

Este sistema fue dando paso, poco a poco, al de *renta en especie*: ya no se le exigía al siervo un determinado tiempo de trabajo en las tierras del señor, sino la entrega de una determinada cantidad de productos de la tierra; de este modo, el siervo dejó de distinguir entre el trabajo para sí mismo y para su señor.

En la última fase del feudalismo, el señor dejó de exigirle al siervo que le entregase parte de los productos que ha obtenido, sino una determinada cantidad de dinero. Además de todos estos pagos, en muchos lugares el siervo debía entregar la décima parte de los productos de su trabajo a la Iglesia (el *diezmo*).

Los siervos no solo se dedicaban a la agricultura, sino que algunos también fabricaban ciertos productos artesanales. Estos artesanos fueron perfeccionando sus técnicas, siendo capaces de fabricar más productos de los que necesitaba su señor o los campesinos de su aldea, de modo que acudían al mercado a vender su excedente. La conveniencia hizo que los artesanos y comerciantes empezaran a establecerse alrededor de los castillos de los señores, para vender allí sus excedentes, y de este modo fueron surgiendo las ciudades medievales.

Estos artesanos con más éxito se acababan especializando en la artesanía y abandonaban la agricultura, emigrando a las ciudades. Por eso las ciudades estaban pobladas por artesanos y comerciantes. Los artesanos, para defenderse de los abusos de los señores feudales, se agrupaban en **gremios**.

Los gremios aparecen en la alta Edad Media en los países de Oriente y pronto se extendieron a Europa. Eran asociaciones que agrupaban a los artesanos de un determinado oficio; defendían el derecho exclusivo de sus miembros a ejercer el oficio. Estaban compuestos por maestros, oficiales y aprendices; los maestros eran el rango más alto dentro del gremio. Los gremios reglamentaban de manera muy estricta la forma de trabajar dentro del oficio, con el objetivo de impedir la competencia desleal. También se ocupaban de garantizar la ayuda mutua entre sus miembros.

Sin embargo, aunque los gremios al principio sirvieron para impulsar la artesanía, acabaron por suponer un obstáculo para la producción artesanal.

La producción de los artesanos y campesinos de esta época, destinada al cambio o a la venta, es lo que conocemos como *producción simple de mercancías*. En esta producción simple ocurría una competencia entre los artesanos que hacía que unos pocos (los maestros) se enriquecieran mientras que la mayoría de ellos, los oficiales, se empobrecían.

Estos artesanos empobrecidos acababan dependiendo comercialmente de los ricos, pues primero les compraban la materia prima para luego venderles el producto terminado, y posteriormente también acababan teniendo que utilizar las herramientas de trabajo que les proporcionaban los artesanos ricos. De este modo los artesanos pobres se convierten, poco a poco, en obreros asalariados, mientras que los ricos ejercen de burgueses. Empieza a nacer así el modo de producción capitalista.

Esto ocurrió entre los siglos XVII y XVIII, época en la cual el poder económico se concentró en las ciudades y entre las capas de artesanos y comerciantes. Esta época, además, se caracterizaba por una abolición gradual de las trabas al comercio (aranceles, aduanas) que impedían el desarrollo de la producción de mercancías. De este modo, se fue centralizando el poder político y se formaron las monarquías absolutas de Europa occidental.

En esta época se impulsó también el comercio mundial, debido a la conquista turca de Constantinopla en 1453, que cortó la ruta comercial de Europa con China e India. Este hecho empujó a los europeos a buscar nuevas rutas con Oriente: los castellanos lo hicieron hacia el oeste, encontrando así el continente americano y comenzando su conquista; los portugueses lo hicieron hacia el sur y abrieron la ruta marítima con la India, donde establecieron colonias, además de inaugurar el comercio con los pueblos africanos.

El paso definitivo del feudalismo al capitalismo se operaría por medio de diferentes revoluciones burguesas: las primeras tuvieron lugar en Inglaterra en el siglo XVII y en Francia en 1789.

En el siguiente capítulo estudiaremos con más detalle el funcionamiento del capitalismo, el sistema económico en el que vivimos en la actualidad.

Para leer más

- Academia de Ciencias de la URSS, *Manual de economía política*, Ed. Grijalbo, México, 1956, páginas 11-60.

- Chaparro Zapana, Francisco, *Teoría económica del capitalismo (análisis marxista actualizado)*, Ed. San Marcos, Lima, 2010, capítulos II, III y IV.

- TEXTO CLÁSICO: Engels, Friedrich, *El origen de la familia, la propiedad privada y el Estado.*

4. El funcionamiento del capitalismo

En el capítulo 3 hablamos de los sistemas económicos históricos, acabando en el surgimiento del capitalismo, que es nuestro sistema actual. Vamos a estudiar en detalle en qué consiste este sistema.

El **capitalismo** es un sistema que se fundamenta en que el trabajo de los obreros hace aumentar el capital, que pertenece al capitalista.

Como hemos visto en el capítulo 2, los burgueses son los dueños de las fábricas y de las herramientas; de los medios de producción, en definitiva. Estos medios de producción son lo que denominamos el **capital**. Los burgueses utilizan su capital, sus medios de producción, para obtener un beneficio y así aumentar su capital. Por eso reciben también el nombre de **capitalistas**.

Para obtener este beneficio, el burgués establece un proceso de trabajo; en él, se compra la materia prima y se le aplica trabajo para transformarla en un producto elaborado que vale más. El burgués aporta los medios de producción, pero no aplica trabajo. El trabajo se lo aplican los trabajadores.

En el ejemplo de la fábrica de sillas, el burgués aporta sus medios de producción (sus fábricas y sus máquinas), y con estos medios, los trabajadores aplican su trabajo a la madera para transformarla en sillas, que son el producto final. Las sillas valen más que la madera: el trabajo ha añadido valor.

El trabajo aplicado a la madera ha sido una aportación de los trabajadores. Estos venden al burgués su fuerza de trabajo, de modo que durante la jornada laboral aplicarán trabajo a la materia prima, y a cambio, el burgués les paga un salario. En este caso también se produce un intercambio: la fuerza de trabajo se trata como cualquier otra mercancía, igual que las sillas, las manzanas o los zapatos. La fuerza de trabajo se compra y se vende. El hecho de tratar la fuerza de trabajo como una mercancía es un rasgo propio del capitalismo.

A diferencia de lo que ocurría en el esclavismo y el feudalismo, el capitalismo se basa en que los trabajadores son formalmente libres para vender su fuerza de trabajo. Es una de las novedades del capitalismo respecto de los sistemas anteriores, y una de sus principales características.

Esta libertad, sin embargo, solo es formal. El trabajador es legalmente libre para vender su fuerza de trabajo y puede elegir no hacerlo: no va a haber nadie que pueda forzarlo físicamente a ello. Pero esto es una falsedad, porque el trabajador no es ajeno a sus circunstancias: aunque es legalmente libre, el contexto económico del trabajador lo obliga a vender su fuerza de trabajo si no quiere morir de hambre.

El salario

Como vimos en la introducción, el precio de las mercancías es su valor de cambio. Con la fuerza de trabajo pasa lo mismo: el valor de cambio de la fuerza de trabajo es el **salario**. Sin embargo, este valor de cambio es más difícil de determinar que en otras mercancías, puesto que la fuerza de trabajo no se fabrica como un objeto más.

El salario de un obrero cubre, en primer lugar, las necesidades vitales del obrero, es decir, debe ser suficiente para reponer la energía que gasta cada día en su trabajo. Para que esto sea posible, el salario debe incluir el dinero que el obrero gasta en alojamiento y comida.

Por otro lado, el salario debe incluir estos gastos de alojamiento y comida no solo para el obrero, sino también para su familia y su descendencia, en caso de que dependan de él. Las mujeres y los hombres que trabajan de manera asalariada deben tener hijos, para que en el mercado siempre haya obreros disponibles. De este modo, los capitalistas pueden sustituir a los obreros que enferman o mueren. Si los trabajadores no tuvieran hijos, cada vez habría menos trabajadores, y los burgueses no tendrían suficientes obreros para trabajar en sus fábricas, con lo que el sistema capitalista se derrumbaría.

El salario incluye, por último, otros factores. Uno de ellos son las necesidades culturales, que dependen del país (en estas se incluye el ocio). Otro es el grado de especialización, de modo que los trabajadores más especializados reciben salarios más altos[4].

---

4   Los salarios más altos de los obreros especializados encuentran explicación en los bienes consumidos en el tiempo que duran los estudios de especialización.

Esto es lo que ocurre en una situación de equilibrio, pero para que el sistema capitalista funcione holgadamente, siempre tiene que existir un exceso de obreros (que quedan desempleados). Este exceso de obreros permite al burgués pagar salarios más bajos al trabajador. Según la situación económica de cada país, estos salarios pueden ser ligeramente más bajos de lo necesario, o bien llegar a no cubrir las necesidades más básicas del trabajador y condenarlo a morir de hambre[5].

Trabajo pagado y plusvalía

En nuestra fábrica de sillas del ejemplo, gracias al trabajo de los obreros, la madera (materia prima) se ha transformado en un producto final con más valor, las sillas. Sin embargo, esta diferencia de valor no puede ser igual al salario que recibe el trabajador, porque entonces el capitalista no obtendría beneficios. El burgués solo invierte su capital si puede obtener beneficios; de lo contrario no lo invierte y no se establece el proceso de trabajo.

Como ejemplo, imaginemos que medio kilo de madera del árbol cuesta 10 euros. Una silla elaborada con ese medio kilo de madera cuesta 20 euros en el mercado. Es decir, a cada silla se le ha añadido un valor de 10 euros.

Un trabajador es capaz de fabricar una silla cada hora, es decir, cada hora da un beneficio de 10 euros, añade 10 euros de valor. Si el trabajador gana como salario 50 euros al día, tardará cinco horas en trabajar lo suficiente para generar un beneficio igual a su salario. Esas cinco horas, esas cinco sillas, son el **trabajo pagado** o trabajo necesario.

---

5   Como ejemplo, a principios del siglo xix, en la Francia posnapoleónica, murieron de hambre alrededor de 30.000 tejedores manuales porque su salario no era suficiente para vivir.

Pero ya hemos dicho que el trabajador no puede generar un beneficio igual a su salario, porque entonces el capitalista no ganaría dinero. Por eso, el capitalista hace que el obrero trabaje tres horas más. Estas tres horas constituyen el **trabajo adicional**, y durante este periodo, el obrero está generando beneficio, pero no recibe más salario, así que este beneficio es íntegro para el burgués. En esas tres horas, el obrero produce tres sillas más, que equivalen a 30 euros de beneficio. Estos 30 euros se los queda el capitalista y se llaman **plusvalía**.

Hora	1	2	3	4	5	6	7	8
Valor	10 €	10 €	10 €	10 €	10 €	10 €	10 €	10 €
	50 € Trabajo necesario Trabajo pagado (salario del obrero)					30 € Trabajo adicional Plusvalía (para el burgués)		

El capitalista busca ganar el máximo beneficio y aumentarlo constantemente. Por eso intenta aumentar la plusvalía, y para esto tiene diversos métodos.

El primer método que usaron los capitalistas para aumentar la plusvalía es obligar a los obreros a trabajar más horas. Como se ve en el cuadro de arriba, si el salario pagado son las cinco primeras horas, todo lo demás será plusvalía, es decir, beneficio para el capitalista.

Este método se llama *de la plusvalía absoluta*, y es el método más conveniente para el capitalista, pues es el que menos gastos implica. De hecho, fue el que se aplicó de manera generalizada en los inicios del capitalismo, sobre todo en el siglo XIX, cuando los trabajadores trabajaban jornadas de 14 o 16 horas. Sin embargo, este método tiene dos limitaciones: la física y la cultural. Por un lado, la jornada de trabajo tiene una limitación física: los trabajadores deben tener un determinado tiempo de descanso para reponer la energía gastada. De lo contrario, bajarán su rendimiento, enfermarán o morirán.

Por otro lado, la jornada tiene una limitación sociocultural: las costumbres de la sociedad que rodea al obrero imponen una determinada jornada de trabajo. Si bien en Inglaterra en el siglo XIX la jornada de 98 horas semanales (14 horas al día, 7 días a la semana) era la norma general, hoy en día casi ningún trabajador se prestaría a trabajar una jornada tan extenuante. De hecho, la tendencia a disminuir la jornada de trabajo es una consecuencia de la lucha obrera (movilizaciones, huelgas, ... hablaremos de ellas más adelante). Por eso este método no es aplicable en la actualidad[6].

El segundo método para aumentar la plusvalía es el *de la plusvalía relativa* y consiste en aumentar el rendimiento de los obreros, optimizando la disposición del puesto de trabajo, aumentando la iluminación, eliminando los desplazamientos... El aumento del rendimiento conlleva un aumento de la intensidad del trabajo. Este método también tiene un límite, pues los trabajadores no pueden soportar un trabajo demasiado intenso, que los hace agotarse física y mentalmente.

Un tercer método (el de la *plusvalía extraordinaria*) consiste en la introducción de máquinas más productivas, que consiguen disminuir el coste de producción. La disminución del coste de producción hace aumentar los beneficios obtenidos por el proceso productivo. Este aumento, sin embargo, solo es temporal, pues las

---

6   Hay empresarios que obligan a sus trabajadores a trabajar más horas sin pagárselas. Es una práctica presente en todos los sectores pero muy generalizada en el sector servicios. Es ilegal en la mayoría de los países occidentales, pero no en los países neocoloniales.

empresas de la competencia también acaban reduciendo sus costes de la misma manera y, así, el precio final del producto se reduce, dando como efecto la reducción de los beneficios hasta un margen similar al inicial.

De este modo, las empresas se ven forzadas a actualizar su maquinaria y reducir sus gastos para poder producir de una manera más rápida y barata. No todas las empresas son capaces de mantenerse en la competencia, pues las actualizaciones y mejoras requieren de una inversión que no todas pueden o quieren afrontar. Las que no consigan actualizarse acabarán entrando en pérdidas y llegando a quebrar, retirándose así de la competencia. Cuando una empresa quiebra, los capitalistas que la poseían pierden sus medios de producción, así que dejan de ser burgueses y se convierten en obreros.

Estas empresas pequeñas que han entrado en bancarrota venden sus bienes (herramientas, máquinas, terrenos...), que suelen ser comprados por empresas más grandes. Por esto, al cabo del tiempo, en el capitalismo solo sobreviven las empresas más grandes, mientras que los pequeños capitalistas con empresas menos competitivas perderán sus propiedades y se convertirán en trabajadores.

La plusvalía en el sector servicios

La descripción de la generación de riqueza y plusvalía que se ha hecho hasta ahora ha estado centrada en la producción de bienes de consumo, concretamente las sillas. Pero la prestación de servicios también está sujeta a generación de plusvalía.

En lugar de la fábrica de sillas, pensemos ahora en una empresa de limpieza. La empresa de limpieza cobra a sus clientes una determinada cuota por hora de limpieza. De esta cuota, una parte, evidentemente, se dedica a los salarios del personal de limpieza (suele ser menos de la mitad). Del resto del dinero, una parte se utiliza en el mantenimiento de la empresa: renovación de material, transporte, y la estructura de gestión (administrativos, contables, y otro personal que no genera valor al servicio pero cuyo trabajo es necesario). El sobrante acaba en las manos de los dueños o accionistas de la empresa.

Ese sobrante que acaba en el bolsillo de los dueños o accionistas es, en este caso, la plusvalía: es la parte de la riqueza generada por el personal de limpieza que, sin embargo, se apropian otras personas que no han aportado nada al proceso de trabajo.

Esto ocurre en todas las ramas del sector servicios: lo mismo se da en un restaurante, por ejemplo. Aparte de los salarios del personal de sala y cocina, de la administración y del mantenimiento de las instalaciones, el propietario se embolsa una determinada cantidad de dinero que podrá ser mayor o menor según el volumen de negocio que genere el restaurante. Este dinero es la plusvalía generada y permite que los dueños de grandes cadenas de restaurantes ni siquiera tengan que poner un pie en ninguno de sus locales.

El desempleo

En el capitalismo, el trabajo no se reparte entre todo el mundo, sino que siempre tiene que quedar una proporción de trabajadores que se encuentren en **desempleo**.

La culpa del desempleo no es de las máquinas ni del avance tecnológico, como se piensa en muchas ocasiones. Aunque la introducción de las máquinas hace que muchos trabajadores dejen de ser necesarios, si las principales responsables del desempleo fueran las máquinas, el desempleo no habría dejado de crecer en estos últimos dos siglos, y eso no ha ocurrido.

El hecho es que el capitalismo no puede sostenerse sin desempleo. El desempleo es el que permite a los capitalistas pagar salarios bajos, utilizando para ello amenazas de despido: si un trabajador reclama un salario más alto, será despedido y reemplazado por otro que no esté trabajando y necesite hacerlo, aunque sea con un salario bajo. El desempleo, por tanto, es una herramienta para desactivar las reclamaciones de los trabajadores.

Los desempleados forman, como comprobamos, un *ejército de reserva* para las empresas de los capitalistas.

Por este motivo, los gobiernos capitalistas no hacen todo lo posible por evitar el desempleo: saben que eso haría daño a los intereses de los capitalistas.

El capitalismo y las crisis

El principal interés del burgués es obtener cada vez más beneficios y hacer que su empresa crezca. Este interés por obtener más beneficios lleva al empresario a invertir parte de la plusvalía obtenida en ampliar las fábricas y los medios de producción, con la idea de que fabricar más productos reportará aún más beneficios.

Sin embargo, este aumento de producción no puede darse indefinidamente. En algún momento, la demanda de su producto no puede seguir creciendo, bien porque los consumidores no necesitan tanta cantidad o porque no pueden o quieren comprar tanto. No debemos olvidar que la gran mayoría de los consumidores son de clase trabajadora, y su poder adquisitivo está limitado por sus bajos salarios.

En esta situación los productos empiezan a acumularse, el ritmo de producción disminuye, los medios de producción empiezan a estar ociosos y el capitalista ha de enfrentarse a disminución de beneficios o incluso a pérdidas. Se ha producido una **crisis de superproducción.**

Esta crisis de superproducción se debe a una producción anárquica. Mientras que el funcionamiento interno de la empresa es cada vez más ordenado y organizado, la producción no obedece a ninguna planificación ni norma, no atiende a las necesidades de la sociedad. Al contrario, solo se produce atendiendo a predicciones de venta y posibilidades de beneficios, que no siempre se cumplen.

Los capitalistas intentan aplazar las crisis de superproducción mediante diversas estrategias, como la obsolescencia programada (fabricando productos que saben que dejarán de funcionar en un tiempo artificialmente corto) o el uso de publicidad, que sirve para crear modas que fomentarán el consumo. De esta forma, consiguen que los trabajadores compren productos que no necesitaban. Sin embargo, las crisis al final llegan.

Las crisis de superproducción conllevan perjuicios para las pequeñas empresas, que no pueden hacerles frente, por lo que quebrarán: los trabajadores de estas pequeñas empresas pasarán a estar desempleados, y sus dueños capitalistas habrán perdido sus medios de producción, convirtiéndose en obreros. Por otro lado, las empresas grandes que logran superar la crisis, lo harán bajando los salarios de los trabajadores, para reducir las pérdidas del capitalista.

Como vemos, la principal consecuencia de las crisis es el empeoramiento de las condiciones de trabajo de los obreros. Muchos de ellos acaban desempleados, pero los que conservan su trabajo están dispuestos a renunciar a muchos de sus derechos laborales con tal de no acabar en el paro. El capitalismo aprovecha sus propias crisis para precarizar a los trabajadores en beneficio de los grandes capitalistas. Por eso, después de una crisis, los grandes capitalistas suelen acabar con ganancias, mientras que la gran mayoría de la población, los trabajadores y los pequeños capitalistas, salen más pobres.

Las crisis capitalistas ocurren en ciclos. Después de la crisis se suceden nuevas etapas de depresión, reactivación y crecimiento.

Sin embargo, los efectos de las crisis son palpables: en cada crisis la riqueza se concentra, cada vez más, en unas pocas personas, mientras que las demás viven cada vez en peores condiciones; este proceso se denomina **centralización del capital** y es la contradicción fundamental del capitalismo: a pesar de la centralización del capital, las fuerzas productivas cada vez son más sociales, el trabajo cada vez ocurre menos de manera aislada.

Esta contradicción, a su vez, genera otras tantas:

- La primera ya la hemos indicado: mientras que el trabajo cada vez se da de manera más ordenada y organizada, la producción es cada vez más anárquica y no tiene en cuenta las necesidades de los consumidores.

- El capitalismo tiende a producir cada vez más bienes, pagando bajos salarios. Pero estos bajos salarios son los que impiden que esos bienes sean comprados y consumidos.

- El desarrollo del capitalismo, que explota y precariza cada vez más a la clase trabajadora, fomenta la lucha obrera, que provocará el derrumbe del propio capitalismo.

El monopolio

Como hemos explicado, el capitalismo tiende a concentrar la riqueza en unas pocas manos, y las pequeñas empresas tienden a desaparecer en las crisis. Esto suele llevar a situaciones de **monopolio.**

Un monopolio es una situación en la que un puñado de empresas acaparan total o casi totalmente su sector de producción[7]. En esta situación, estas empresas (a veces es una sola) se ponen de acuerdo para ajustar los precios y la producción a su conveniencia, de modo que obtengan los máximos beneficios. Así, deja de existir la «libre competencia»: el mercado está manipulado.

Esta centralización del capital industrial conlleva también una centralización del capital bancario: los bancos centralizados están ligados a las grandes empresas, con lo cual todo el dinero del país se concentra en unas pocas manos. Estos bancos, además, ofrecen condiciones más ventajosas a los clientes (empresas) con más dinero, fomentando así que sigan en posición favorable.

Las situaciones de monopolio tienen diversas consecuencias que son perjudiciales para los trabajadores:

---

7 Los economistas burgueses distinguen entre *monopolio*, si se trata de una sola empresa, y *oligopolio*, si son varias. Nosotros consideraremos que son lo mismo, debido a que sus consecuencias son idénticas.

1. Dado que los monopolios no tienen competencia, pueden limitar la producción. Si obtienen la misma ganancia fabricando menos mercancía, elegirán esta opción dado que provoca menos desgaste de las máquinas y menos gasto en salarios. También pueden fijar el precio en la cantidad que más les convenga.

2. Los monopolios tienen tal poder en su sector, que les resulta muy fácil chantajear al Estado para obtener créditos baratos o tratos de favor en las adjudicaciones públicas.

3. Por la falta de competencia, pueden elegir la calidad de su producción. Si no tienen competencia, nada les impide fabricar productos de baja calidad que no satisfagan plenamente las necesidades de los consumidores, o que se estropeen rápidamente y tengan que ser sustituidos por otros nuevos.

4. Un monopolio puede escoger libremente fabricar productos de lujo para una minoría de consumidores en lugar de productos básicos, si esto les reporta mayores beneficios.

5. Los monopolios no necesitan actualizar su producción, es decir, impiden que los adelantos técnicos lleguen a los productos de consumo. Tan solo los implementarán si les proporcionan beneficios.

Por estos motivos, los monopolios, que son la consecuencia del estado avanzado del capitalismo, sirven para explotar y perjudicar a la clase trabajadora.

Estas dos situaciones, las crisis y los monopolios, empujan a los capitalistas a promover el imperialismo, que veremos en el siguiente capítulo.

Para leer más

- Harnecker, Marta, *Cuadernos de educación popular n.º 2 "Explotación capitalista", n.º 3 "Monopolios y miseria" y n.º 6 "Capitalismo y socialismo"*, Ed. Akal, 1979.

- Isacovich, Marcelo, *Introducción a la economía política*, Ed. Cartago, Buenos Aires, 1974, capítulo VIII.

- Chaparro Zapana, Francisco, *Teoría económica del capitalismo (análisis marxista actualizado)*, Ed. San Marcos, Lima, 2010, capítulos VII, XI y XVIII.

- TEXTO CLÁSICO: Marx, Karl, *El capital*, libro I.

5. EL IMPERIALISMO

A finales del siglo XIX, el desarrollo del capitalismo había llegado a tal punto que las empresas europeas y norteamericanas necesitaban superar las fronteras políticas del mundo. Estas empresas habían generado un excedente de producción y de capital (que, como ya hemos visto, causa crisis de superproducción), y colocarlo en otros países se presentaba como una posible solución.

Esta exportación de capital también ocurría porque en el extranjero podía obtenerse una ganancia mayor. En los países adonde se exporta el capital, la mano de obra es más barata, y por lo tanto se puede obtener mayor plusvalía. La plusvalía se redirige a los países explotadores, lo que resulta en un expolio y un empobrecimiento de los países explotados.

Esta situación es la que llamamos *capitalismo monopolista* o **imperialismo,** y tiene las siguientes características:

- Se acentúa la concentración de la producción y empiezan a surgir monopolios, en forma de grandes empresas combinadas, que agrupan diferentes ramas de la industria o de los servicios. Estas empresas monopolistas dominan la economía de los países capitalistas y absorben o arruinan a las demás empresas.

• Surge el capital financiero, por la fusión del capital industrial y del capital bancario. El capital financiero concentra una desmesurada cantidad de poder y chantajea a los Estados.

• La exportación de capitales supera a la de los excedentes de producción. Esta exportación de capitales se produce estableciendo empresas de extracción de materia prima en las colonias y concediéndoles «ayuda económica» en forma de créditos, que permitirá extraer más riquezas de estos territorios.

• Se forman monopolios internacionales. Las grandes empresas monopólicas llegan a acuerdos entre ellas para fijar precios y beneficios, constituyendo carteles, consorcios o *trusts*.

• Se producen conflictos armados por el control de las colonias o de los países explotados.

El reparto colonial

Esta es la situación que llevó a los gobiernos de los países capitalistas de Europa y América del Norte a repartirse el mundo a finales del siglo XIX, estableciendo **colonias** en los demás continentes. De ahí que África se viera repartida casi completamente entre Francia, el Reino Unido, Alemania, Italia, Bélgica, España y Portugal; de hecho, solo hubo dos territorios que no fueron colonizados por ningún país: Etiopía y Liberia.

Lo mismo ocurrió con el sur y sudeste de Asia y con el Oriente Próximo, donde Francia y el Reino Unido se repartieron casi todas las tierras. El reparto de Oceanía se dio más tarde y se concertó entre Francia, el Reino Unido y los Estados Unidos. América del Sur tuvo una situación diferente: aunque nominalmente eran países independientes, sufrían una fuerte presión de los Estados Unidos, quienes incluso promulgaron una ley para intervenir militarmente en cualquier país de América cuando les conviniera a sus intereses económicos.

Estas colonias, en su mayoría terreno sin explotar, sirvieron para proporcionar a las empresas europeas una gran cantidad de materia prima a bajo coste, puesto que se empleaba mano de obra local, que no solo era más barata, sino que en muchos casos era explotada en régimen casi de esclavitud, con graves violaciones de los derechos humanos. Por ejemplo, en la colonización del Congo Belga, los nativos congoleños eran obligados a producir altas cuotas de caucho, siendo sometidos a torturas y mutilaciones si no cumplían con esta obligación. En la Micronesia Alemana, los nativos fueron obligados por ley a trabajar en las plantaciones; la población micronesia se rebeló y Alemania envió al ejército para matar a los rebeldes.

España mantuvo dos colonias en el continente africano:

* El Sáhara Occidental fue conquistado por España en 1934, aunque había sido reclamado desde el final de la Guerra de África, en 1860. En el Sáhara se encuentra el mayor yacimiento natural del mundo de fosfatos, que son muy utilizados en agricultura. En 1975, aprovechando la agonía del dictador Francisco Franco, los ejércitos de Marruecos y Mauritania invadieron el Sáhara Occidental en la operación llamada la *marcha verde*. El repliegue del ejército español causó el abandono de esta tierra.

Mauritania se retiró del Sáhara pocos años después; actualmente se encuentra ocupado, colonizado y explotado por Marruecos, que niega su derecho de autodeterminación y asegura que el Sáhara es territorio marroquí.

• Guinea Ecuatorial fue ocupada y conquistada por España en 1843. Tenía una importante producción agrícola, sobre todo de cacao. La presión internacional y los movimientos independentistas autóctonos culminaron en la independencia del país en 1968, tras lo cual ha sufrido diversas dictaduras. El recurso natural más importante de Guinea Ecuatorial es el petróleo, aunque España no lo extrajo en el periodo colonial; hoy es objeto de explotación por parte de empresas petrolíferas extranjeras.

La importancia de las colonias era tal que causaban importantes guerras por su control territorial. Como ejemplo, podemos destacar la Guerra Hispanoamericana: en 1898 los Estados Unidos le declararon la guerra a España, que al ser muy inferior en armamento y recursos la acabó perdiendo, y hubo de entregar el control de Cuba, Puerto Rico y Filipinas, que pasaron a manos de los Estados Unidos; las islas de Oceanía fueron vendidas a Alemania, ante la imposibilidad de mantenerlas.

En casi todas las guerras de la primera mitad del siglo xx se produjeron modificaciones en el control de los territorios coloniales, que pasaron de unas manos a otras pero no obtuvieron la independencia. Por ejemplo, después de la Primera Guerra Mundial, Alemania entregó todas sus colonias a los países ganadores (las de África al Reino Unido y Francia; las de Oceanía a los Estados Unidos y a Japón), pues tras su derrota no tenía recursos suficientes para controlarlas.

El proceso descolonizador tuvo lugar, sobre todo, en la época de los años 1960, impulsado por el bloque de países socialistas y coordinado por la ONU. En este proceso, la gran mayoría de los territorios colonizados de África y Asia recibieron la independencia política. Sin embargo, en muchos casos la dependencia económica sigue existiendo, pues los gobiernos de estos países suelen favorecer a las empresas europeas y estadounidenses. Así se perpetúa la explotación imperialista de sus recursos.

En algunos países, sin embargo, la clase trabajadora se ha organizado y ha llevado a cabo revoluciones para quitar el poder a las empresas capitalistas y eliminar la explotación y el expolio de sus recursos. Esto ha pasado, por ejemplo, en Cuba, con la revolución cubana entre 1953 y 1959. Otros ejemplos de revoluciones tuvieron lugar en Angola, Burkina Faso o Nicaragua (aunque corrieron peor suerte que la cubana).

El imperialismo hoy

Podemos afirmar que el capitalismo se encuentra hoy en su etapa más avanzada, la de capitalismo monopolista o imperialismo. Esta etapa se puede identificar en los hechos que describimos a continuación.

La Segunda Guerra Mundial y su devastador efecto para la economía europea abonaron el campo para la expansión de las empresas estadounidenses en este continente. Es importante recordar que, a diferencia de Europa, los Estados Unidos apenas se vieron afectados por dicha guerra, con lo cual sus empresas no sufrieron el mismo perjuicio que las europeas. Por lo tanto, afrontaron la posguerra en una posición muy ventajosa.

Por eso, los Estados Unidos idearon el Plan Marshall en 1953. El plan consistía en la inyección de dinero del gobierno estadounidense en algunos sectores de la economía de Europa Occidental, sobre todo en el Reino Unido, Francia y Alemania. Esta inversión estratégica posibilitó que ciertos sectores quedaran en manos de empresas estadounidenses. Durante la época de la Guerra Fría (1949-1990), las economías de América y Europa Occidental fueron paulatinamente siendo dominadas por empresas estadounidenses.

En 1990 se produjo la caída de los países socialistas de Europa Oriental y Asia, y el desmantelamiento de sus economías planificadas[8], vendiendo sus activos a precios irrisorios. Con esto se produce, igualmente, el afianzamiento de las empresas compradoras en estos países en su transición al capitalismo. La zona de influencia de los Estados Unidos se ampliaba así a toda Europa y al norte y centro de Asia.

En la actualidad, existen países del Tercer Mundo cuya principal actividad es la extracción de materia prima, como ocurre en casi todos los de África. Otros países están especializados en trabajos de manufactura, como ocurre en Asia. Por último, en Norteamérica y Europa se concentra, sobre todo, la actividad financiera e intelectual. Para que se pueda llevar a cabo esta «división de funciones», debe haber un continuo flujo de capitales entre unos países y otros.

La existencia de grandes empresas multinacionales es lo que caracteriza al imperialismo actual, y con ellas, la exportación de capitales. Las grandes empresas, radicadas en los países imperialistas, exportan sus capitales a países con niveles de vida más bajos, para poder fabricar allí sus productos y obtener una

---

8   Hablaremos del sistema económico socialista en el capítulo 11 y de los países socialistas en el capítulo 12.

mayor ganancia. La plusvalía obtenida allí vuelve a los países imperialistas, con lo cual se produce efectivamente una explotación de los países menos desarrollados por parte de los imperialistas. Esto permite que el alto nivel de vida de Europa y Norteamérica pueda mantenerse.

Estas grandes corporaciones multinacionales son la muestra de la concentración de la riqueza en pocas manos que comentábamos en el capítulo anterior. Por ejemplo, en el sector del automóvil, el 76% de la producción mundial se la reparten seis empresas.

El desarrollo sostenible

La tendencia del capitalismo a crecer sin límite puede llevar a una situación peligrosa para el planeta, pues los recursos naturales de nuestro mundo son limitados y el crecimiento económico no puede ser infinito, como plantean los economistas burgueses.

Aunque en los primeros tiempos del capitalismo no se prestaba atención a esta limitación, cada día es más patente que el crecimiento sin límites que persigue este sistema económico crea graves problemas de habitabilidad en el mundo y agota sus recursos. Los niveles crecientes de contaminación del aire y los residuos difícilmente tratables son muestras de este fenómeno, que también encuentra reflejo en la desertificación de tierras fértiles o en el agotamiento de la pesca.

La anarquía de la producción en el sistema capitalista, que solo atiende a la maximización de beneficios, no permite renovarse a los recursos del planeta y amenaza con agotarlos sin presentar alternativas. Esta contradicción se ve en las fuentes de energía renovables: no se invierte en su desarrollo porque dan menos beneficios que los combustibles fósiles, aun cuando estos están agotándose a un ritmo muy rápido.

Hace ya unas décadas se hizo conocido el concepto de **desarrollo sostenible**: un modelo de producción que no impidiera el progreso, pero a la vez no comprometiera la salud de la naturaleza terrestre y sus recursos. Este tipo de modelo, sin embargo, choca frontalmente con la naturaleza del capitalismo, cuya única medida es el beneficio económico.

Se concluye que el desarrollo sostenible requiere al menos un cierto grado de planificación de la economía, dado que no se puede confiar en que una producción anárquica se atenga a unos límites de utilización de recursos. Este motivo es el que hace al capitalismo incapaz de cumplir con lo requerido por el desarrollo sostenible.

El único país que cumple con el desarrollo sostenible en la actualidad es Cuba, que posee una economía planificada.

Para leer más

- Harnecker, Marta, *Cuaderno de educación popular n.º 6 "Imperialismo y dependencia"*, Ed. Akal, 1979.

- Unión de Juventudes Comunistas de España, *Imperialismo, guía de ayuda para la formación teórica básica*, Ed. UJCE, 2012.

- Academia de Ciencias de la URSS, *Manual de economía política*, Ed. Grijalbo, México, 1956, páginas 221-248.

- TEXTO CLÁSICO: Lenin, Vladimir, *El imperialismo, fase superior del capitalismo*.

LUCHA DE CLASES

6. LAS CLASES SOCIALES

En los capítulos donde hablábamos de economía hemos visto ya que en la sociedad existen diferentes posiciones atendiendo al lugar que se ocupe en la economía. Bajo este criterio, todas las personas pueden ser encuadradas en algún colectivo que denominamos **clase social**.

En la comunidad primitiva, como el trabajo se producía de manera cooperativa, no existían las clases sociales, existía igualdad social. Sin embargo, con la evolución de la sociedad se formaron diferentes clases, unas que trabajaban y otras que vivían del trabajo ajeno. En el esclavismo se diferenciaron los esclavos y los amos esclavistas. En el feudalismo, surgieron los siervos de la gleba y los señores feudales. Y luego, con la aparición del capitalismo, nacieron la clase de los trabajadores y la de los capitalistas o burgueses.

Sistema	Clase que trabaja	Clase explotadora
Esclavismo	Esclavos	Amos esclavistas
Feudalismo	Siervos de la gleba	Señores feudales
Capitalismo	Trabajadores	Burgueses

La clase trabajadora: el proletariado

La clase trabajadora tiene como característica principal el hecho de que no posee medios de producción. Los **trabajadores** (**obreros** o **proletarios**) solo poseen su fuerza de trabajo, así que se la venden al capitalista durante su jornada laboral (unas horas al día) a cambio de un salario. Los trabajadores no tienen ningún poder de decisión ni ningún control sobre su trabajo, ya que este le pertenece al capitalista. Por esto mismo, la riqueza que genera su trabajo va a parar a manos del burgués, a través de la plusvalía.

Como subgrupos de la clase trabajadora, podemos distinguir:

- Los trabajadores industriales han sido los más numerosos en los países europeos durante el siglo xix y xx, aunque hoy en día se encuentran en retroceso en Europa occidental, debido al desmantelamiento de las industrias en esta zona y su traslado a países de Sudamérica, África o Asia.

- Precisamente por la generalización de la economía basada en el sector servicios, en estos mismos países europeos ha crecido a pasos agigantados una capa de trabajadores de servicios. Pertenecen a esta clase las personas que trabajan en la hostelería, en atención al cliente, en mantenimiento...

- Los trabajadores del campo, los campesinos sin tierra, también se llaman **jornaleros**, debido a que suelen trabajar por días y su salario diario es el *jornal*.

- Con el avance de la industria, la técnica y la cultura, se ha formado una capa de trabajadores que viven de vender su trabajo intelectual (ingenieros, abogados, científicos, profesores por cuenta ajena). En muchos casos su origen social es la burguesía, pero gracias a la generalización de la educación pública y gratuita también hay bastantes de origen proletario. Si no poseen medios de producción, pertenecen a la clase obrera, independientemente de que su trabajo sea intelectual y no manual.

Existen trabajadores con una posición especial en el proceso productivo: son los **trabajadores indirectos** de los que hablamos en el capítulo 2. Estos trabajadores ocupan posiciones intermedias y son empleados por los patronos para defender sus intereses. Por eso, en la lucha de clases, a veces eligen ponerse del lado del capitalista, aunque realmente el capitalista solo los use como instrumento para extraer la plusvalía de sus compañeros.

La pertenencia a la clase trabajadora viene determinada por su posición en el proceso productivo y por la no posesión de medios de producción, independientemente de su empleo actual. Alguien que no posee medios de producción pertenece a la clase trabajadora, aunque se encuentre sin empleo en este momento.

La clase capitalista: la burguesía

En el lado opuesto se encuentran los **burgueses** o **capitalistas**, que son quienes poseen los medios de producción, los propietarios de las empresas y las fábricas. Al ser los propietarios, son quienes poseen el poder y el control sobre las empresas.

Dentro de la clase capitalista diferenciamos varios grupos:

- Los capitalistas industriales son los dueños de las fábricas. Poseen los medios de producción de los sectores industriales.

- Los capitalistas financieros son los dueños del dinero: accionistas de bancos y otras entidades financieras, cuya única aportación al proceso productivo es administrar el capital.

- Los capitalistas comerciales son los dueños de los almacenes distribuidores: posibilitan que los capitalistas industriales extraigan plusvalía, puesto que la distribución de la mercancía producida posibilita su venta.

- Los capitalistas agrarios son los llamados **terratenientes**: son los que poseen las tierras, aunque no trabajen en ellas.

Dentro de la clase burguesa merece especial mención, por sus características peculiares, la *pequeña burguesía*. Los **pequeñoburgueses** son personas que poseen medios de producción, pero necesitan trabajar. Las personas en régimen de autónomo son pequeñoburguesas (son dueñas de sus empresas, pero el trabajo lo hacen ellas mismas). También son pequeñoburguesas, por lo general, las personas dueñas de una pequeña empresa, con trabajadores contratados pero cuya plusvalía no es suficiente para poder dejar de trabajar. Asimismo, los propietarios de pequeñas parcelas cultivadas (los pequeños terratenientes) también son pequeñoburgueses.

Las condiciones de trabajo de los pequeñoburgueses, en muchos casos, no son mejores que las de un trabajador, a pesar de poseer medios de producción. Sus condiciones de trabajo y vida los acercan a la clase trabajadora, pero como propietarios privados guardan afinidad con la burguesía, y con ella se alinean sus intereses objetivos. Hemos visto que los trabajadores aspiran a trabajar menos, más cómodamente y ganar más dinero. Las aspiraciones de la pequeña burguesía no son esas, sino conseguir que su empresa prospere, para contratar a más trabajadores y que la plusvalía obtenida de ellos sea suficiente para vivir sin trabajar.

A pesar de esta aspiración, muy pocos pequeñoburgueses podrán llegar a cumplir ese objetivo. Como ya vimos en la sección de economía, por el propio funcionamiento del capitalismo, la gran mayoría de los pequeñoburgueses no está preparada para competir con las grandes empresas, así que caerá víctima de alguna crisis, será absorbida o acabará en quiebra. Por lo tanto, casi todos los pequeñoburgueses acaban convirtiéndose en trabajadores.

Lucha de clases

Como vimos en el capítulo 2, el interés del capitalista es obtener el máximo beneficio. Por eso, su intención es que los trabajadores trabajen más tiempo, más rápido y más intensamente, para producir más mercancía. Esto aumentará la plusvalía, es decir, su beneficio. Por ese mismo motivo pagará el mínimo salario a los trabajadores, dado que los salarios le suponen un gasto.

Por otro lado, el trabajador vende su fuerza de trabajo porque es su única manera de sobrevivir. Es decir, que trabaja por necesidad, así que su interés es trabajar el mínimo tiempo posible, para poder tener ocio y disfrutar de su tiempo libre. Además, le interesa trabajar de una manera cómoda, para no agotarse o enfermar. También estará interesado en obtener un salario alto para aspirar a disfrutar de una buena calidad de vida.

Como podemos comprobar, los intereses de los capitalistas y de los trabajadores están diametralmente opuestos, y por lo tanto irreconciliables, es decir, se produce la **lucha de clases**. Con este término se describe el choque de intereses entre las dos clases principales del capitalismo.

Es importante tener claro que este análisis no es de tipo moral. La lucha de clases no se produce por una cuestión de maldad, de falta de consideración ni de otra clase de sentimiento. Al contrario, la lucha de clases se produce por la oposición de los intereses objetivos, materiales, de una clase y de la otra. Donde existen intereses económicos objetivos no tienen cabida las consideraciones morales.

Otras clases y grupos sociales

Los trabajadores y los capitalistas son las dos clases principales en que se divide la sociedad: son las dos que hacen funcionar la economía y cuyos intereses ponen de relieve la lucha de clases en el capitalismo. Pero existen otros grupos sociales que no participan del proceso productivo.

Las personas que malviven gracias a actividades no productivas (sobre todo delictivas) forman una pequeña clase, no muy numerosa. Esta clase se denomina **lumpemproletariado** y está compuesta por las personas que viven del robo o de la mendicidad, en condiciones de marginación social. En general no tienen intereses comunes, por eso no se las agrupa con los trabajadores. Dado que no forman parte de ningún proceso de trabajo, tampoco tienen conciencia de clase.

El **funcionariado** está formado por las personas cuyo trabajo productivo corre a cuenta del Estado (administrativos, maestros, médicos del sistema público,...). Estas personas tienen una posición análoga a la de la clase trabajadora, por cuanto trabajan por cuenta ajena; sin embargo, el propietario y beneficiario de su trabajo no es una persona ni un grupo privado, sino el Estado burgués. Por lo tanto, una parte del funcionariado toma posiciones reaccionarias a favor del capitalismo.

Además de estas clases sociales, existen otros grupos sociales, que no constituyen clase social porque no ocupan un lugar en los procesos productivos, y por lo tanto no participan de la lucha de clases.

El análisis burgués de la sociedad

La lucha de clases se produce desde el momento en que los burgueses se apropian de las riquezas procedentes del trabajo ejercido por los trabajadores, puesto que los burgueses no trabajan, no añaden valor. Por eso los burgueses son los primeros interesados en enmascarar este enfrentamiento de intereses, y por eso evitan hablar de clase trabajadora y clase burguesa. Al contrario, las teorías económicas y sociales burguesas dividen la sociedad en clases alta, media y baja, según su nivel de remuneración o sus posesiones.

Este análisis de la sociedad es claramente interesado. Por un lado, al desdibujar las diferencias entre clase obrera y burguesía, impide identificar la extracción de plusvalía, es decir, la explotación de una clase por parte de la otra. Por otra parte, al nombrar las clases con adjetivos como *alta* o *baja*, fomenta la idea de que unas clases están por encima de las otras, y que se puede pasar a una clase «superior» si se trabaja más, lo cual hemos demostrado que es falso.

Hemos dicho que los burgueses hablan de **clase media**, y vamos a ver por qué no debemos darle credibilidad. Al clasificar a las personas según su remuneración, el análisis burgués crea esta clase donde agrupa a colectivos muy diversos. Los burgueses agrupan en *clase media* a gente tan variopinta como los pequeños comerciantes, los profesionales liberales (profesores, abogados, médicos...), los empleados de banca, los trabajadores industriales con funciones de gestión, los pequeños propietarios agrícolas... Todos estos grupos ocupan diferentes lugares en la economía y tienen intereses diferentes entre sí, por lo cual no pueden constituir una sola clase. Mientras que los pequeños comerciantes y pequeños terratenientes pertenecen a la pequeña burguesía (aspiran a vivir del trabajo ajeno), los trabajadores industriales y gran parte de los profesionales liberales pertenecen a la clase trabajadora, puesto que saben que no podrán dejar de trabajar y solo aspiran a un trabajo cómodo y bien remunerado. Estos diferentes intereses los colocarán en posiciones diferentes ante ciertas situaciones políticas. Podemos afirmar, por lo tanto, que la *clase media* no existe como tal clase.

Para leer más

- Academia de Ciencias de la URSS, *Manual de marxismo-leninismo*, Ed. Grijalbo, México, 1960, capítulo V.

- Harnecker, Marta, *Cuaderno de educación popular n.º 5 "Clases sociales y lucha de clases"*, Ed. Akal, 1979.

- TEXTO CLÁSICO: **Marx, Karl** y **Engels, Friedrich**, *Manifiesto del Partido Comunista*, 1848.

7. LOS TRES TIPOS DE LUCHA OBRERA

Ante la explotación a la que se ven sometidos, los trabajadores buscan salidas para evitar entregar la riqueza que generan con su trabajo.

La primera posibilidad es hacerlo *dentro del sistema capitalista*. Para esto, el trabajador intenta ahorrar dinero obtenido con su trabajo, y con ese dinero consigue hacerse con medios de producción, para establecer una empresa. Es decir, se convierte en pequeñoburgués, con la idea de «por fin voy a trabajar para mí».

Sin embargo, ya hemos explicado lo que ocurre con la mayoría de los pequeñoburgueses. Por la misma naturaleza del capitalismo y su funcionamiento, estos pequeñoburgueses fracasarán en su mayoría porque no podrán hacer frente a la competencia de las empresas mayores. Algunos, muy pocos, conseguirán establecerse y hacerse un hueco en el mercado durante un tiempo. El resto quebrará y deberá vender sus medios de producción, volviendo a la clase trabajadora.

Además, por una simple cuestión aritmética, para que el sistema capitalista funcione, hacen falta muchos más trabajadores que burgueses. Por eso, el paso a la pequeña burguesía solo puede ser la salida para unos pocos trabajadores, todos no pueden hacerlo. Esto implica que si los trabajadores quieren dejar de estar explotados deben encontrar una solución en común, no individual.

Los trabajadores se encuentran siempre en el lado más desfavorable del proceso productivo. Son los que aplican el trabajo y añaden valor al producto, pero no reciben la riqueza que genera su trabajo y no tienen ningún poder de control o decisión sobre él, sino que han de obedecer las órdenes del capitalista que los haya contratado. Además, esta situación los coarta para no quejarse de su trabajo, pues los capitalistas evitan contratar a trabajadores *conflictivos*. El trabajador que reclama mejores condiciones sabe que puede ser despedido para ser reemplazado por uno más sumiso, más a gusto del empresario. El hecho de que siempre exista un *ejército de reserva* de trabajadores en paro deseando trabajar (como vimos en el capítulo 4) se lo pone fácil al empresario para tener callado al trabajador.

No obstante, el hecho de que los trabajadores sean mucho más numerosos que los burgueses y que sean completamente necesarios para el proceso productivo (pues son los que añaden valor al producto) les da un cierto poder. Un trabajador individual, en solitario, está siempre condenado a perder; pero si el conjunto de los trabajadores se organiza, puede conseguir grandes metas. Estas metas van desde los objetivos más inmediatos, como unas mejores condiciones laborales, hasta los más ambiciosos, como la instauración de un sistema sin explotación laboral.

Por esto, la lucha obrera abarca tres frentes: el económico, el ideológico y el político. Los definiremos brevemente ahora, y dedicaremos un capítulo a cada uno de ellos.

La lucha económica

El primer frente en el que los trabajadores han luchado por mejorar su situación es el económico, porque es el que se ocupa de las condiciones más inmediatas que sufren los obreros.

Para mejorar sus condiciones inmediatas, los trabajadores se agrupan en **sindicatos**, que organizan acciones de protesta como las **huelgas**. Los sindicatos son la única manera que tienen los trabajadores para que los empresarios los tengan en cuenta.

La lucha ideológica

Para que los trabajadores se unan y luchen por su emancipación, primero tienen que ser conscientes de su situación, reconocer sus intereses e identificar los motivos de la explotación. Por eso es necesaria una lucha ideológica, contra las ideas burguesas que dominan la sociedad y a la propia clase trabajadora, y que perjudican la lucha obrera. El reconocimiento de la propia situación como integrante de la clase trabajadora es lo que llamamos **conciencia de clase** y es una condición imprescindible para el avance en la lucha.

La lucha política

Una vez identificados los objetivos, para lograr la emancipación de los trabajadores y el fin de su explotación, hace falta atacar la causa del problema, el sistema económico y político capitalista.

Para lograr esto, los trabajadores deben emprender la lucha en el último frente, el político, para cambiar el sistema político y, por tanto, el económico. Y esto lo consiguen uniéndose en un partido político.

Existen muchos partidos políticos, pero la mayoría defienden los intereses de los burgueses y no tienen ninguna intención de modificar el capitalismo (como mucho, de regularlo). El **partido obrero** (suele llamarse *partido comunista*, pero no siempre) no debe ser un partido político como los demás, que se limite a presentarse a las elecciones, sino que debe articular los intereses de los trabajadores en todos los aspectos de la vida pública.

Para leer más

- Academia de Ciencias de la URSS, *Manual de marxismo-leninismo*, Ed. Grijalbo, México, 1960, capítulo V.

- Harnecker, Marta, *Cuaderno de educación popular n.º 5 "Clases sociales y lucha de clases"*, Ed. Akal, 1979.

8. La lucha económica: el sindicato y la huelga

La **lucha económica** es la primera que los trabajadores llevan a cabo, pues se produce de manera casi natural, espontánea. La naturaleza del trabajo asalariado y las duras condiciones de explotación que soportan los trabajadores los llevan a asociarse para reclamar mejores condiciones de trabajo.

Los sindicatos

Las asociaciones de trabajadores se llaman **sindicatos**, y su historia se remonta a finales del siglo XVIII en el Reino Unido. Originalmente su formación era gremial, por cuanto solo agrupaban a trabajadores de la misma ocupación. Sin embargo, pronto se empezaron a crear sindicatos transversales, que contenían a todo tipo de trabajadores.

Las primeras reivindicaciones de los sindicatos fueron las reducciones de jornada, dado que los trabajadores de las primeras industrias se veían obligados a trabajar jornadas de doce, catorce o incluso dieciséis horas, sin tope máximo, de modo que si el empresario no tenía suficientes beneficios obligaba a sus trabajadores a prolongar jornada. No existían los días de descanso semanal, y tampoco una edad mínima para trabajar, así que era frecuente el trabajo infantil.

Sin embargo, estos primeros sindicatos fueron rápidamente prohibidos por el gobierno británico, que los persiguió y reprimió duramente. Dada la importancia de los trabajadores en una empresa, y su papel fundamental en la producción (sin trabajadores no se produce nada, dado que el capitalista no añade valor), desde el principio los gobiernos burgueses vieron la capacidad que tenían los trabajadores organizados para parar la producción, y de ahí la dura represión que sufrieron.

Esto sin embargo no fue suficiente para eliminarlos, pues siguieron en activo y, a base de huelgas (al principio, ilegales), fueron consiguiendo algunos de sus objetivos inmediatos.

Hoy en día los sindicatos son legales en la mayor parte del mundo, si bien dependiendo del país sus condiciones son mejores o peores.

Para ejercer la lucha económica, los sindicatos emprenden diferentes tipos de acciones, ya sean públicas o en el puesto de trabajo.

Las acciones públicas: las manifestaciones

Una de las acciones fundamentales que llevan a cabo los trabajadores para protestar por sus condiciones es la **manifestación**.

Las manifestaciones son marchas en grupo en las que se hace visible una protesta. Normalmente se convocan para marchar de un punto a otro de una misma ciudad, pero también pueden consistir en concentraciones estáticas en lugares con visibilidad (como una plaza céntrica o delante del centro de trabajo) o largas marchas (por ejemplo, las *Marchas de la dignidad* del 22 de marzo de 2014 consistieron en columnas que marchaban desde diversas ciudades importantes del Estado español para confluir en Madrid).

El motivo de las manifestaciones, asimismo, no es siempre laboral. Sin embargo, casi todas las movilizaciones laborales suelen incluir manifestaciones. Estas pueden ser en apoyo a los trabajadores de una empresa, de un sector, o convocadas por los trabajadores de todo el país en protesta por la política laboral del gobierno.

Las manifestaciones son protestas pacíficas, aunque a veces el gobierno ordena a la policía que las reprima y disperse a los manifestantes usando métodos violentos. También es frecuente que el gobierno contrate a personas para infiltrarse entre los manifestantes y ejercer violencia; así «revientan» la manifestación y provocan que la prensa y la opinión pública culpe a los manifestantes de los desperfectos o de los heridos.

Las acciones en el centro de trabajo: la huelga

Hacer **huelga** significa dejar de trabajar. Cuando un sindicato convoca una huelga, los trabajadores deciden no trabajar hasta que se obtengan sus reclamaciones.

Los capitalistas temen a la huelga por sus evidentes consecuencias. Dado que los trabajadores son fundamentales en el proceso productivo, un paro en su trabajo provoca una disminución de la producción y por tanto de las ventas de los productos, es decir, una bajada en los beneficios del capitalista.

Pero hacer huelga no es una decisión que pueda tomarse a la ligera: hacer huelga es un último recurso. Antes de llegar a la huelga, los trabajadores (o sus representantes) tienen que negociar con los capitalistas o los directivos de la empresa. Pero a veces, estos no quieren negociar (normalmente las reclamaciones de los trabajadores implicarán menos beneficios para el capitalista) o tardan en aceptar hacerlo, así que las huelgas pueden prolongarse. Esto es un problema grave para los trabajadores, porque los días de huelga los trabajadores no cobran[9].

Por este motivo, si una huelga se prolonga, los trabajadores se pueden ver en graves problemas económicos. Pero, por otro lado, si los trabajadores abandonan la huelga prematuramente, volverán a sus malas condiciones de trabajo sin haber conseguido ninguna mejora. Por eso, las huelgas son situaciones difíciles, comprometidas y de último recurso.

Cuando se convocan huelgas indefinidas, debido a las dificultades económicas que pasan los trabajadores que secundan la huelga, se suelen establecer **cajas de resistencia**, que son cuentas bancarias donde las personas solidarias hacen donativos para ayudar a que los huelguistas puedan resistir más tiempo.

Las huelgas estuvieron prohibidas durante mucho tiempo, y los gobiernos detenían y torturaban a los huelguistas y a los sindicalistas que promovían las huelgas. Sin embargo, hoy en día

---

9   En algunos países, los sindicatos compensan a los trabajadores de alguna manera los días que hacen huelga. En estos casos la cuota del sindicato es más alta, pero también da más libertad para movilizarse.

las huelgas son un derecho reconocido de los trabajadores en la mayor parte del mundo.

Gracias a las huelgas, hoy en día los trabajadores disfrutan de muchos derechos laborales que hace dos siglos eran impensables. Algunos ejemplos:

- La jornada de ocho horas diarias y 48 semanales fue obtenida en España a raíz de la huelga de Riegos y Fuerzas del Ebro (popularmente *La Canadiense*), una empresa radicada en Barcelona cuyos empleados convocaron la huelga indefinida en 1919. La huelga duró 44 días y se extendió a otros sectores de la economía, paralizando el país. El descanso dominical se había obtenido pocos años antes, en 1904[10].

- En la Argentina, las primeras huelgas reclamando la jornada de ocho horas tuvieron lugar en 1894, pero durante los años siguientes se extienden a casi todos los sectores de la economía. La primera de estas huelgas que consiguió su propósito fue la del colectivo de yeseros, en 1895.

- La jornada de ocho horas en México fue instaurada mediante la Constitución de 1917, después de que se hubieran convocado varias huelgas en los años anteriores reclamando ese derecho.

- En Portugal, la jornada de ocho horas fue obtenida también tras una importante huelga general en 1919, aunque solo para los trabajadores industriales. Los

---

10 Aunque hoy en día es cierto que no todos los trabajadores descansan el domingo, sí es verdad que les corresponde legalmente al menos un día semanal de descanso.

trabajadores agrarios lo consiguieron en 1962, también tras una huelga, bajo el régimen fascista de Salazar.

- En Japón, los trabajadores de Kawasaki iniciaron una huelga de celo en 1919 para reclamar una subida de salarios y una reducción de la jornada laboral. La huelga duró diez días, tras los cuales los trabajadores obtuvieron sus demandas. Después de esta huelga, siguieron otras similares en más empresas, como Mitsubishi.

- En los Estados Unidos, la jornada laboral de 18 horas, vigente a finales del siglo XVIII, fue disminuyendo paulatinamente gracias a diversas huelgas. La más importante, la de 1886, generalizó la jornada de ocho horas diarias.

Dado el perjuicio de las huelgas para los intereses de la burguesía, al principio estaban prohibidas. Ahora, sin embargo, se utiliza otra estrategia. Para evitar las huelgas y otras movilizaciones, el gobierno recurre al descrédito de las organizaciones obreras. Por eso, en todas las situaciones de choque entre trabajadores y empresarios, los medios de comunicación (todos en manos de burgueses) muestran las noticias de modo tal que los sindicatos aparezcan como organizaciones corruptas y caprichosas. No son pocas las ocasiones en que los medios han desinformado a propósito sobre cuestiones como huelgas y manifestaciones. Veremos ejemplos de esto en el siguiente capítulo.

El descrédito de los sindicatos y otras organizaciones obreras es fundamental para evitar que los trabajadores se sumen a ellos. Al fin y al cabo, los trabajadores que no están organizados no pueden protestar ni ejercer ningún tipo de presión contra los empresarios.

Las huelgas pueden ocurrir en una sola empresa, o bien extenderse a todo un sector, cuando el problema es la regulación de dicho sector o la negociación de un nuevo convenio colectivo; son las **huelgas sectoriales**. El caso más extremo se da cuando todos los trabajadores se involucran en la huelga porque lo que se reclama tiene relación con la legislación laboral de todo el país: en ese caso hablamos de **huelga general**. Una huelga general puede paralizar la economía de un país si es secundada de manera mayoritaria; por esto, los gobiernos responsables intentan evitar las huelgas generales. Además, las personas que secundan la huelga pierden un día de trabajo, con lo cual el gobierno no recauda impuestos de ellos.

Ante una convocatoria de huelga, los empresarios que no han querido negociar, pasan a la acción con técnicas menos limpias, y a menudo amenazan a sus trabajadores con represalias si secundan la huelga. Esto es ilegal, pero aun así es una práctica muy extendida, y que en pocos casos se denuncia por miedo al despido. Por esto, los sindicatos ponen en marcha **piquetes informativos**, que son grupos de personas que visitan los puestos de trabajo durante la jornada de huelga, con el objetivo de informar a los trabajadores de su derecho a huelga y ayudar a quienes desean secundarla pero han sufrido amenazas.

Las personas que acuden a trabajar en una jornada de huelga se conocen como **esquiroles** o **rompehuelgas** [11] (en algunos países *ratas* o *carneros*). Los esquiroles no apoyan las protestas de sus compañeros que secundan la huelga; además, dado que el

---

11 Este nombre procede de una huelga del sector textil en la localidad catalana de Manlleu, en el siglo XIX, cuando los empresarios acudieron a buscar trabajadores a la localidad vecina de L'Esquirol para sustituir a los huelguistas.

objetivo de la huelga es parar la producción, los esquiroles quitan fuerza a la huelga acudiendo a su trabajo.

Los esquiroles cobran su salario, a diferencia de los huelguistas. Sin embargo, si la huelga es satisfactoria y se consigue obtener las reivindicaciones reclamadas al empresario, los esquiroles también se beneficiarán de las mejores condiciones laborales, aunque no hayan arriesgado nada. Por esto, se entiende que los esquiroles no estén bien valorados por sus compañeros y creen mal ambiente de trabajo.

En los inicios del movimiento obrero, era una práctica común entre los empresarios contratar trabajadores esquiroles expresamente para el día de huelga. Hoy se considera una vulneración del derecho de huelga y es ilegal.

Otras acciones de reivindicación

Existen sectores donde la huelga sigue estando prohibida o tiene unas restricciones muy altas. Suele ocurrir en sectores de una alta importancia para el gobierno. En estos sectores, son bastantes generalizadas las **huelgas de celo**: en lugar de dejar de trabajar, los trabajadores se limitan a seguir las normas de su trabajo de una manera inusualmente estricta y rigurosa. Esto suele resultar en una caída brusca de la productividad o la paralización de la producción, pero al estar cumpliendo las normas, el empresario no los puede despedir ni sancionar. Con todo, hay gobiernos que han intentado penalizar las huelgas de celo, como el de Andorra en 2014.

Además de las huelgas, existen otros métodos de presión con los que los trabajadores pueden reclamar al empresario. El **sabotaje** es un acto por el cual se provocan averías a propósito en las máquinas o herramientas de la fábrica, cuando no se destruyen directamente. El sabotaje es una práctica ilegal y hoy es muy poco común. Esta práctica fue muy usual a principios del siglo XIX, cuando se empezaron a introducir mejores máquinas en los procesos productivos, provocando así despidos masivos de trabajadores que ya no eran necesarios en los procesos.

Por último, como acción de presión contra una empresa que impone condiciones abusivas a los trabajadores, existe el **boicot**. El boicot consiste en evitar comprar los productos de una determinada empresa, con el fin de provocar que sus productos se acumulen sin ser vendidos y sus beneficios se vean afectados. A diferencia de las prácticas anteriores, el boicot necesita de una colaboración social generalizada para poder lograr algún efecto sobre la empresa boicoteada.

Como respuesta a las acciones de los trabajadores, los capitalistas también han buscado reprimir a los trabajadores con diversas acciones colectivas. A pesar de que los capitalistas siempre constituyen el lado más fuerte en una confrontación laboral, a menudo han presionado a los trabajadores con **cierres patronales**. Ante una negociación colectiva entre empresarios y trabajadores, los empresarios a veces recurren al cierre patronal para obligar a los trabajadores a aceptar las condiciones impuestas por el empresario. Consiste en cerrar la fábrica durante un día o varios, de modo que los trabajadores no pueden acudir a trabajar ese día y, por lo tanto, tampoco lo cobran, por lo que su salario se ve perjudicado, a veces gravemente (pues el salario de los trabajadores, a menudo, ya es lo suficientemente bajo). A diferencia de las huelgas, los cierres patronales no son un derecho y en muchos países no están permitidos.

La representación de los trabajadores en la empresa

Entre los avances de la lucha obrera en el sistema capitalista se encuentra el haber conseguido espacios de representación en las empresas.

En estos espacios de representación, el empresario o la directiva y los trabajadores negocian sobre todos los aspectos que influyen en el trabajo: horarios, turnos de trabajo, salarios, gestión interna de la empresa... de modo que la opinión de los trabajadores sea tenida en cuenta.

Para participar en los espacios de representación, los trabajadores eligen a unos representantes, las **delegadas** y **delegados de personal**, que en empresas grandes forman un **comité de empresa**. Para elegir a estos representantes, se convocan **elecciones sindicales**, donde todos los trabajadores tienen derecho a votar.

Hay empresas donde el empresario impide la celebración de elecciones y evita la representación de los trabajadores. Es lo que se denomina **persecución sindical**. Es ilegal, pero muchos trabajadores no la denuncian por miedo a sufrir acoso en el trabajo o ser despedidos.

En otras empresas, el empresario favorece a los sindicatos amarillos y evita la participación o incluso la afiliación de los trabajadores en sindicatos independientes. Un **sindicato amarillo** o **sindicato vertical** es el que ha sido fundado por el empresario o está controlado por él. Se trata de organizaciones que dan apariencia de sindicatos a lo que realmente no lo es, dado que no están controlados por los trabajadores sino por el empresario. Por eso, entre sus objetivos está empeorar las condiciones de los trabajadores cuando le conviene al empresario, o desalentar las huelgas. Los sindicatos amarillos son bastante corrientes en sectores como los grandes almacenes o la hostelería; los más numerosos en España son FETICO y FASGA.

La importancia de la lucha económica

La lucha económica, y por lo tanto la participación en estas organizaciones de los trabajadores, es fundamental como primer paso en la lucha obrera, por los motivos que hemos descrito en este capítulo. Los sindicatos son el organismo que sirve para organizar a los trabajadores de cara a hacer valer sus criterios en el trabajo, y para defenderlos frente a los abusos del empresario.

La importancia de esta lucha económica se hace patente en el hecho de que los sectores con una presencia sindical fuerte son los que disfrutan de mejores condiciones de trabajo, mientras que aquellos sin presencia sindical normalmente son objeto de condiciones laborales más penosas.

Además, la implicación en la lucha económica ayuda a los trabajadores a adquirir conciencia de su situación frente a la burguesía.

Sin embargo, la lucha económica solo trata y palia las *consecuencias* del sistema capitalista. Por esto, la lucha económica solo puede ser el principio de una estrategia mayor, nunca un fin en sí misma.

Aunque la lucha económica ayude a mejorar las condiciones de trabajo, por un lado estas mejoras es muy posible que desaparezcan en las próximas crisis capitalistas, y por otro la explotación sigue existiendo. Mientras exista el sistema capitalista, los trabajadores seguirán entregando la riqueza generada con su trabajo a los capitalistas, que no producen.

Por eso los trabajadores han de pasar a los siguientes frentes de la lucha obrera: la lucha ideológica y la política.

Para leer más

- Academia de Ciencias de la URSS, *Manual de marxismo-leninismo*, Ed. Grijalbo, México, 1960, capítulo V.

9. La lucha ideológica: la conciencia de clase

Una vez iniciada la lucha económica, y la reclamación de mejores condiciones laborales, puede que estas mejoras se obtengan. Pero como comentábamos, eso es ocuparse solo de las consecuencias del capitalismo. Por muy buenas que sean las condiciones, la extracción de riqueza del trabajador, su explotación, sigue ahí, y como hemos visto, cuando llegan las crisis, las condiciones vuelven a empeorar.

Para llegar a la eliminación de esta explotación, los trabajadores deben llegar a entender su situación y reconocer la necesidad de superarla. Aquí es donde entra en juego la **lucha ideológica**. En el frente ideológico, los trabajadores deben identificar todas aquellas ideas que favorecen la explotación y combatirlas, en ellos mismos y en sus compañeros. Esto implica la necesidad de estar bien informado y aprender continuamente.

Por eso, para nosotros, los trabajadores, es fundamental lo que llamamos **conciencia de clase**: el reconocimiento continuo de nuestra naturaleza de trabajadores y de la situación de los demás trabajadores, que se encuentran igual de explotados que nosotros. Esta conciencia de clase es necesaria para no defender los interes de los burgueses.

Los medios de comunicación burgueses

Como decíamos anteriormente cuando hablábamos de las huelgas, los medios de comunicación son propiedad de burgueses y, por lo tanto, siempre dan su información desde el punto de vista burgués. Pero no solo los informativos y la prensa, sino también las películas de cine, los programas y series de televisión difunden valores ideológicos burgueses. Incluso los libros de texto que se utilizan en las escuelas enseñan ideas burguesas.

Siguiendo con el ejemplo que poníamos de las huelgas, cuando se habla de protestas o reivindicaciones de los trabajadores, los informativos describen a los manifestantes o huelguistas como personas violentas, vagas o desconsideradas, a la vez que ridiculizan sus reclamaciones o las enfocan desde una óptica favorable al empresario.

Veamos un titular:

El rechazo al cambio provoca el peor estallido social en 20 años en Francia

Una descafeinada reforma laboral de un Gobierno debilitado alienta en todo el país la revuelta de un sindicato radicalizado

Titular de El País (España). 29 de mayo de 2016.

Este periódico, el de mayor tirada en España, describe la reforma laboral en Francia como «descafeinada», y dice que la revuelta es de un «sindicato radicalizado». La reforma laboral aprobada en marzo de 2016 en Francia incluye el abaratamiento del despido y de las horas extraordinarias, el aumento de la jornada laboral, la legalización de los despidos colectivos por bajada de beneficios o el recorte de poder a los sindicatos, entre otras medidas dañinas para los trabajadores. Según las encuestas, el 70% de la población francesa está en contra de esta reforma laboral. Si solo leemos este artículo, pensaremos que el sindicato actúa de manera desproporcionada y caprichosa... pero eso no es lo que viven los trabajadores franceses.

Otro ejemplo: en la huelga del servicio de limpieza de Málaga (Limasa) de 2016, los trabajadores protestaban por el empeoramiento de las condiciones de trabajo. Los informativos de una importante cadena de televisión se centraron en mostrar nóminas de los trabajadores, haciendo hincapié en el salario bruto con conceptos extras, para que los espectadores pensaran que su salario era demasiado alto y desacreditar así los motivos de la huelga.

Esto es lo que ocurre si un trabajador desclasado, sin conciencia de clase, lee esta noticia o cualquier otra de los grandes medios de comunicación, que solo dan cabida a visiones burguesas de la realidad. Un trabajador con conciencia, sin embargo, cuando ve estas noticias piensa, por ejemplo, que ninguna huelga se hace por capricho y que una reforma de la legislación laboral rara vez va a significar una mejora para los trabajadores.

De hecho, los medios de comunicación de masas normalmente no cubren ningún conflicto laboral de manera neutral: siempre expresan el punto de vista del empresario, pero en muy pocas ocasiones entrevistan al comité de empresa o a algún representante de los trabajadores (salvo que den la razón al burgués, como en el caso de un sindicato vertical).

Un trabajador con conciencia de clase desconfía de estos medios de masas manejados por burgueses; busca información, la analiza, y la juzga siempre desde el punto de vista de los intereses de la clase trabajadora.

Apenas existen medios de comunicación que no estén en manos de burgueses. Ninguno de los canales de televisión privados, ninguno de los grandes grupos editoriales, ni periódicos, ni canales de radio van a exponer la realidad desde el punto de vista de los trabajadores, puesto que va en contra de los intereses de sus dueños.

Sin embargo, la reciente proliferación de la conexión a Internet y las redes sociales han brindado una excelente herramienta para la difusión de noticias desde puntos de vista no sesgados hacia la clase burguesa.

Existe también un riesgo en esto, que es el de ser víctima de noticias falsas o bulos elaborados para provocar alarma entre los trabajadores y difundir ideas reaccionarias (machistas, racistas, xenófobas, homófobas...). Por eso hay que tener cuidado y anteponer la conciencia de clase ante todo lo que se lee.

En definitiva, la conciencia de clase nos ayuda a ver el mundo desde el punto de vista de nuestros intereses.

La alienación obrera

Dado que nuestra sociedad está manejada por burgueses, sus ideas están muy extendidas entre los trabajadores. Muchos de ellos justifican la explotación y la asumen como algo natural, aunque vaya en contra de los intereses de la clase trabajadora. De hecho, muchos de estos trabajadores verían injusto expropiar las fábricas y las empresas de los burgueses. Estos trabajadores están

alienados: en lugar de defender sus propios intereses, se ponen en el lugar de los burgueses para juzgar los hechos.

Otro ejemplo de esta alienación se da en las convocatorias de huelga. Aunque muchos trabajadores defienden la huelga (incluso los que no pueden secundarla porque han sufrido coacciones del empresario), hay otros que solo defienden «el derecho a ir a trabajar», es decir, a perjudicar la huelga. Estos trabajadores critican a sus compañeros huelguistas y a los piquetes informativos; ignoran que los que hacen huelga reclaman mejoras para todos, y que los piquetes son necesarios para hacer frente a las amenazas del empresario.

Esta alienación tiene su origen en el hecho de que los valores dominantes de una sociedad, los que más generalizados están en la opinión pública, son los de la clase poderosa. En este caso, es la burguesía la que decide los valores imperantes, y los difunde a través de sus medios de comunicación. De hecho, tanto radio como televisión, películas, prensa... repiten continuamente los mismos mensajes: competitividad e individualismo. Tenemos que ganar más dinero que los demás, tener una casa mejor, un coche más caro. Todos los medios nos repiten que debemos hacernos «emprendedores», fundar nuestra propia empresa, y nos muestran a los grandes empresarios como ejemplos de éxito. Esto es lo que se llama **hegemonía**: la burguesía, que tiene el poder, decide lo que los demás deben pensar, y para difundirlo usan los medios de comunicación de masas.

Por ejemplo, si un empresario hace una «gran donación», todos los medios burgueses elaboran noticias recalcando la bondad y la filantropía del empresario, pero no dirán nada sobre el ahorro en impuestos que le supone, o sobre las tácticas de ingeniería económica y fiscal que ha empleado para reducir costes (como crear sociedades filiales o instalar sus fábricas en países del tercer mundo), para que los trabajadores pensemos que el empresario es bueno y un gran ejemplo a seguir.

Si nos paramos a analizarlos, estos mensajes son las ideas de los burgueses, que los medios nos repiten para que no pensemos de otro modo. Nos dicen que debemos competir porque así consiguen que no trabajemos juntos; nos dicen que montemos una empresa para que nos sintamos identificados con los grandes empresarios, para que tengamos la esperanza de ser algún día como ellos.

De esta manera, si el objetivo de los trabajadores es ser como los empresarios, serán las propias personas trabajadoras las que rechazarán cualquier intento de quitarles los privilegios a los burgueses, puesto que esperan disfrutar de estos privilegios algún día.

Pero ya hemos visto que esto es una ilusión, es una falsedad. La mayoría de las personas trabajadoras nunca fundará una empresa, y muy pocas tendrán éxito como empresarias, casi todas las que lo intenten fracasarán. Por esto, a la mayoría de las personas trabajadoras no nos conviene competir. Podemos conseguir objetivos mucho mejores y más grandes si trabajamos a conjunto. Y por eso, debemos tener claro que, si queremos una sociedad que no abandone a nadie, pero donde nadie tenga privilegios ni pueda explotar a los demás, todas y todos debemos aportar y colaborar.

La lucha ideológica consiste en conseguir que todos nuestros compañeros y compañeras de clase trabajadora luchen por sus intereses y abandonen las ideas que favorecen a los burgueses. Es decir, que dejen de estar alienados y adquieran conciencia de clase.

La negación burguesa de las clases sociales

El sistema económico y político actual está diseñado por burgueses para beneficiar expresamente a su clase social. Por lo tanto, son los principales interesados en que los trabajadores no lo cuestionemos y no nos planteemos cambiarlo por otro que impida eliminar la explotación.

Hemos explicado que la clase burguesa, a través de sus empresas de comunicación (editoriales de libros, periódicos, revistas, radio, televisión) nos hace identificarnos con los empresarios y nos anima a ser emprendedores. Pero su estrategia no se queda ahí, llega mucho más allá.

En el capítulo 6 vimos que los sociólogos y economistas burgueses rechazan hablar de clase burguesa y clase trabajadora, y en su lugar hablan de clases alta, media y baja. Esta división pretende desdibujar el origen de las desigualdades de clase: si no se tiene presente cuál es la diferencia entre burgueses y trabajadores (explotadores y explotados), no existirá el peligro de que se quiera erradicar esta diferencia.

Esto se puede ver claro en el discurso burgués imperante en los medios. No solo se repite continuamente que *todos somos clase media* (incluso los que no tienen lo básico para vivir y no llegan a fin de mes), sino que se nos repite que *la lucha de clases no existe* o que *es algo del pasado*. Este argumento lo suelen reforzar con el hecho de que la mayoría de los trabajadores en Occidente ya no encajan en la imagen clásica de los trabajadores de fábricas, puesto que el sector servicios ahora es el mayoritario. Niegan que los trabajadores de servicios generen plusvalía y enriquezcan al empresario.

Por otro lado, la estrategia burguesa llega incluso a negar la ley del valor, la que vimos en el capítulo 1. En los cursos de economía burgueses se niega que el valor de cambio recoja el trabajo socialmente necesario para elaborar un bien o prestar un servicio, incluso aunque fuera demostrado por economistas burgueses clásicos como Adam Smith y David Ricardo.

En su lugar, los economistas burgueses aseguran que los precios se fijan por oferta y demanda. La ley de oferta y demanda desempeña un papel muy importante en la determinación de los precios a corto plazo, pero no da una explicación completa. Si la demanda sube, la oferta acabará subiendo; pero la explicación a la determinación de la oferta son los costes de producción, que provienen de los precios de las mercancías. Es decir, que los precios provienen de los precios: el argumento burgués es circular.

Existen otras explicaciones burguesas alternativas a la ley del valor, como la teoría de la utilidad marginal, que se fundamentan en apreciaciones subjetivas (basadas en el valor de uso) y no en factores objetivos.[12]

Ideas burguesas para dividir a los trabajadores

De entre las ideas burguesas que están más extendidas entre los trabajadores, algunas tienen el propósito de separarnos entre nosotros y así impedir que nos unamos, puesto que todo nuestro poder está en la unión y en la organización.

La primera de estas ideas divisivas es la que nos distingue a los trabajadores por nuestra profesión o por nuestra

---

12 Se puede leer una detallada refutación de estas explicaciones burguesas en Chaparro Zapana, Francisco, *Teoría económica del capitalismo (análisis marxista actualizado)*, Ed. San Marcos, Lima, 2010, capítulo V, apartado 7.

remuneración. Como decíamos cuando hablábamos de las clases sociales, los burgueses dividen a la gente según su poder adquisitivo.

Pero los trabajadores estamos en la misma situación ganemos más o menos, trabajemos en lo que trabajemos. Por mucho dinero que pueda ganar un trabajador, si no tiene medios de producción, en cualquier momento puede quedarse desempleado.

Además, nuestra conciencia de clase nos deja claro que todas las profesiones son igual de dignas. Los burgueses difunden la idea de que hay trabajos más dignos: trabajos intelectuales, sobre todo, o los que no están cara al público. Esta actitud es el **clasismo**, y tiene el único objetivo de fomentar la división entre los trabajadores. Esta división no es inocente, tiene una intención clara: los trabajadores clasistas no verán a otros trabajadores como sus iguales y por lo tanto no lucharán con ellos, lo cual beneficia a los burgueses. El trabajador con conciencia de clase no hace este tipo de distinciones entre trabajadores, sino que tiene claro que todas las profesiones son dignas y que todos los trabajadores somos compañeros de lucha.

Un ejemplo de este clasismo se puede observar en el eslogan burgués de que «*el cliente siempre tiene la razón*». Esta frase está cargada de ideología capitalista y asume que un trabajador que está cara al público debe soportar impertinencias y abusos por parte del cliente, solo porque es el que paga. Por otro lado, da la oportunidad al cliente (que a menudo es también de clase trabajadora) de creerse en una posición de superioridad y, por lo tanto, de no ver al dependiente como su compañero sino como alguien a su servicio. Un trabajador con conciencia de clase sabe que el cliente no siempre tiene la razón, que el cliente y el dependiente son iguales y que el respeto debe estar por encima de todo.

Los demás tipos de intolerancia son igual de divisivos y persiguen la misma motivación. Pero además, a veces sirven para mantenernos distraídos y así evitar que nos centremos en el verdadero origen de nuestra situación de explotación. Por ejemplo, el **racismo** y la **xenofobia** son instrumentos burgueses para que pensemos que los extranjeros nos roban el trabajo; de este modo dirigiremos nuestra ira contra los inmigrantes (que son trabajadores, como nosotros) y no contra los burgueses, que son quienes nos explotan. Por otro lado, las ideas **machistas**, utilizadas convenientemente por los burgueses, sirven para que la clase trabajadora invalide y anule a una de sus mitades, las mujeres trabajadoras. Estas ideas divisivas llegan a cualquier ámbito personal, como ocurre con la **homofobia**, la **bifobia** y la **transfobia**, que discriminan a las personas según su identidad sexual o de género.

Por esto es importante la conciencia de clase: una vez que tengamos claras cuáles son las actitudes burguesas y las combatamos, en nosotros y en nuestras compañeras y compañeros, podremos luchar efectivamente contra la explotación a la que nos someten los burgueses.

Para leer más

- Academia de Ciencias de la URSS, *Manual de marxismo-leninismo*, Ed. Grijalbo, México, 1960, capítulo V.

- Chaparro Zapana, Francisco, *Teoría económica del capitalismo (análisis marxista actualizado)*, Ed. San Marcos, Lima, 2010, capítulo V.

- Eaton, John, *Political economy*, Current Book House, Bombay, 1952, capítulo II.

10. La lucha política: el partido obrero

En el capítulo dedicado a la lucha económica, vimos que esa es la lucha más sencilla e intuitiva, la que se ocupa de las condiciones inmediatas del trabajador: su salario, sus turnos, sus descansos... pero por mucho que se mejoren las condiciones, la explotación sigue existiendo. Estas mejoras solo hacen más cómoda la explotación, pero no la eliminan. Además, también hemos visto que las mejoras son temporales, y que los capitalistas las eliminarán en cuanto llegue una de sus crisis periódicas, aprovechando que es el momento en que la lucha es más fácil de tumbar, por el miedo de los trabajadores a ser despedidos.

Si los trabajadores quieren eliminar la explotación, deben pasar a la **lucha política**, que es la que procura tomar el poder de todos los aparatos del estado. Es completamente necesaria, puesto que el estado burgués siempre va a impedir el desarrollo de un sistema económico que elimine la explotación.

El estado burgués, por ejemplo, defiende los intereses de los burgueses en cualquier confrontación entre los trabajadores y los capitalistas. Por ejemplo, el Estado burgués puede utilizar su policía para disolver manifestaciones, para impedir huelgas o para desalojar fábricas o terrenos ocupados.

En definitiva, el estado burgués consagra la propiedad privada, y por eso considera que las fábricas o los terrenos son propiedad del burgués que los posea, no de los obreros o los jornaleros que trabajen en ellos.

Por esto, la lucha política es el nivel más alto de la lucha de clases, el imprescindible para poder llegar a la emancipación de la clase trabajadora.

La lucha política se lleva a cabo de diferentes maneras, dependiendo de las circunstancias. Manifestaciones, huelgas políticas, intervención en las elecciones, disturbios...

Y para poder organizar todos estos actos y movilizaciones, los trabajadores deben unirse formando un **partido político**. Este partido político no puede ser como los partidos burgueses, que se limitan a organizar actos electorales, ir a las elecciones y votar en los parlamentos. Al contrario, un partido obrero se ocupa de todos los aspectos de la vida en sociedad. Debe estar presente en los lugares de trabajo, tener contacto con las asociaciones civiles, y organizar talleres o actividades sociales para fomentar las ideas de la emancipación obrera y darlas a conocer, así como para atender las inquietudes de las personas de clase trabajadora.

Los trabajadores han formado este tipo de partidos en casi todos los países. Suele llevar el nombre de **partido comunista**, aunque puede tener otros nombres.

Estos partidos a menudo se presentan a las elecciones en los países capitalistas, para poder acceder al parlamento y tener voz desde allí. Pero son conscientes de que esa no puede ser la única manera de hacer avanzar la sociedad, sino que hay que estar creando conciencia entre los trabajadores.

La organización del partido obrero

El partido obrero debe estar vertebrado de una manera sólida y funcional. Debe tener presencia en los centros de trabajo y en los barrios, y luego estas células o agrupaciones de base deben estar coordinadas a niveles más altos (regional, estatal, federal...).

Además, el partido debe hacer una labor continua de concienciación a las masas. Esta labor puede hacerse de diferentes maneras: mediante la publicación de un periódico del partido, la distribución de panfletos, la organización de charlas y conferencias...

El partido obrero debe cumplir con unas ciertas pautas de funcionamiento interno. Por un lado, en la elaboración de la línea de acción y de la estrategia, deben participar todos los militantes de manera democrática. La discusión democrática en el interior del partido no puede ser sustituida, pues asegura la unidad de acción del partido. Pero, por otro lado, una vez que se llega a una decisión mayoritaria dentro del partido, todos sus militantes deben aceptar esta decisión y trabajar en la línea decidida, incluso los que no preferían esa línea. Solo de esta manera se logra un partido obrero fuerte. Este es el principio conocido como **centralismo democrático**.

El partido obrero, por otro lado, no puede agruparse en torno a un líder único. Al contrario, debe existir una dirección colectiva que evite la individualización y los movimientos personalistas dentro del partido. El partido no debe servir a las ambiciones políticas de ninguna persona, sino a la emancipación de la clase trabajadora.

Por último, el partido obrero debe estar continuamente sujeto a crítica: los militantes deben estar alerta para detectar posibles errores, encontrar sus causas, y exponerlas en el seno del partido para encontrarles solución. Además, los militantes deben ser autocríticos, es decir, estar siempre dispuestos a encontrar las causas de los errores propios y a enmendarlas.

Para leer más

- Academia de Ciencias de la URSS, *Manual de marxismo-leninismo*, Ed. Grijalbo, México, 1960, capítulo V.

- Harnecker, Marta, *Cuaderno de educación popular n.º 9 "El partido y su organización"*, Ed. Akal, 1979.

EL SISTEMA SOCIALISTA

11. LA REVOLUCIÓN SOCIALISTA Y EL NUEVO ESTADO PROLETARIO

Una vez emprendidos los tres niveles de lucha, el económico, el ideológico y el político, se acerca la consecución del objetivo, la **revolución socialista**.

La revolución es el proceso por el cual la clase trabajadora toma el poder. En la revolución proletaria, son las masas de trabajadores las que se levantan a la lucha por sus condiciones objetivas de explotación, no por la voluntad de ningún personaje ni grupo concreto. El partido obrero organiza las acciones de las masas, pero no las puede sustituir.

Revoluciones han existido muchas en el curso de la historia, pero no todas las revoluciones han sido socialistas. De hecho, por el curso natural de la historia y la economía que vimos en el capítulo 3, antes vinieron las revoluciones burguesas: en Inglaterra en el siglo XVII y en Francia en el siglo XVIII.

Las revoluciones burguesas buscaban, por lo general, sustituir un tipo de explotación, de dominación, por otro:

eliminar el régimen económico feudal e instaurar, en su lugar, el régimen capitalista. Para ello debían derrocar los gobiernos feudales, ocupados por los estamentos dominantes del feudalismo (nobles y aristócratas). El ejemplo francés de cómo llevaron esto a cabo (la *Revolución Francesa*) es de sobra conocido.

La revolución socialista busca, por otro lado, la eliminación de la explotación de una clase por otra y la instauración del socialismo. Por eso se diferencia de las revoluciones anteriores: mientras que estas buscaban sustituir un tipo de propiedad privada por otra (esclavista por feudal, feudal por capitalista), la revolución socialista busca eliminar la propiedad privada de los medios de producción.

El socialismo y la dictadura del proletariado

El **socialismo** es el Estado organizado por la clase trabajadora. Es el sistema de gobierno que se establece después de la revolución socialista, y es un sistema provisional de transición al comunismo (que explicaremos más adelante).

El socialismo se caracteriza por la eliminación de la propiedad privada capitalista de los medios de producción y las relaciones capitalistas de producción, y su sustitución por la propiedad social y las relaciones socialistas de producción entre las personas.

Los cambios necesarios son imposibles de llevar a cabo cuando la burguesía se encuentra en el poder, pues esta necesita proteger la propiedad privada para poder sobrevivir como clase. Por eso, el Estado capitalista debe ser sustituido por el Estado socialista.

Esta sustitución debe llevarse a cabo por medio de una revolución socialista. Existe una corriente de pensamiento que asegura que puede llegarse al socialismo a través de reformas del sistema capitalista; esto es lo que siempre ha defendido la socialdemocracia clásica[13]. La historia, no obstante, nos demuestra que las reformas no son el medio adecuado para pasar del capitalismo al socialismo, puesto que estas reformas siempre serán frenadas por la burguesía, por cualquier medio, antes de que lleguen demasiado lejos: Salvador Allende, en Chile, intentó llegar al socialismo por medio de reformas, pero una parte del ejército, apoyada por los grandes empresarios, le declaró un golpe de Estado y fue asesinado en ese mismo golpe en 1973. En Venezuela, el gobierno de Nicolás Maduro lleva años sufriendo una guerra económica (no solo de la burguesía venezolana, sino también de la internacional, a través de los gobiernos de otros países) por su paulatina implantación de medidas que pretenden allanar el camino al socialismo, y recientemente ha sido amenazado con una invasión militar por parte de las potencias capitalistas, sobre todo de los Estados Unidos.

Además, las relaciones socialistas de producción entre las personas no pueden darse en un régimen político capitalista. Pueden existir pequeñas empresas cooperativas, pero sujetas al sistema económico capitalista que las hace frágiles y vulnerables, además de dificultar al máximo la expansión de este tipo de relaciones de producción.

---

13 Hablamos de la socialdemocracia *clásica*, ya que la tradición socialdemócrata siempre ha abogado por el fin del capitalismo. Los partidos que hoy en día se dicen socialdemócratas en Europa, como el PSOE en España o el PS en Portugal, no siguen la tradición y no quieren eliminar el capitalismo (por eso muchos los llaman *social-liberales*). En América Latina, algunos representantes de esta postura son la UCR en la Argentina o el PRD en México.

Para implantar el socialismo, se establece la **dictadura del proletariado**. Este nombre, tan utilizado por la propaganda de la burguesía para demonizar los Estados socialistas, solo se entiende correctamente en el marco de la lucha de clases: significa la toma del poder por los trabajadores, sometiendo a la burguesía para sus intereses. Es lo contrario a las «democracias» burguesas (como las europeas o norteamericanas), donde la burguesía detenta el poder y los trabajadores obedecen, ejerciendo así una *dictadura del capital*.

La dictadura del proletariado se hace necesaria como fase de transición para resistir a los ataques de la burguesía. Aunque se les expropien los medios de producción y estos pasen a manos de los trabajadores, la burguesía posee mucha riqueza acumulada que ha enviado al extranjero, así como contactos internacionales y buenas relaciones con algunos sectores de los trabajadores; de este modo, la burguesía intentará atacar al Estado socialista durante bastante tiempo, con la intención de hacerlo caer y retornar al capitalismo.

Al principio de la transición al socialismo se produce la estatalización de los recursos más importantes de la economía. El gobierno proletario confisca y expropia sectores de gran relevancia como la gran industria, los bancos, el transporte, los medios de comunicación y las empresas de comercio, de modo que dejan de ser propiedad de la burguesía y pasan a manos de la clase trabajadora, que utilizará todos estos recursos para la construcción del socialismo.

Del mismo modo, es imprescindible la estatalización de la tierra, para que así deje de ser objeto de explotación por parte de los terratenientes; los campesinos reciben esta tierra en usufructo. La extracción de recursos naturales (por ejemplo, la minería) también debe pasar a ser propiedad estatal.

Estas expropiaciones se producen, por supuesto, sin indemnización para los burgueses; estos ya se han aprovechado de las plusvalías de sus trabajadores durante suficiente tiempo.

La economía socialista

El funcionamiento de la dictadura del proletariado, del Estado socialista, tiene varios campos de acción. En el campo económico, el Estado socialista lleva a cabo una reorganización total de la economía con el fin de que sirva a los intereses de la clase trabajadora.

En el capitalismo, los burgueses eligen qué mercancías quieren producir, guiándose solo por el posible beneficio que pueden obtener. En el Estado socialista, sin embargo, se establece una economía planificada, cuyo objetivo es fabricar los productos que la sociedad necesita en la cantidad en la que se requieren, sin atender al lucro. Para realizar esta planificación de la economía es necesario un estudio en profundidad de la población y de sus necesidades.

Este estudio debe realizarse siempre con la participación de las masas trabajadoras, recogiendo y valorando las opiniones y las sugerencias de las personas que llevan a cabo la producción y las que recibirán los productos fabricados. De este modo se optimiza la producción, los trabajadores reciben lo que necesitan y se ahorran recursos, minimizando el desperdicio. Por esto decimos también que el socialismo permite el desarrollo sostenible.

Esta planificación de la economía, además, permite repartir la carga de trabajo entre todos los miembros de la sociedad, es decir, que el desempleo carece de sentido. Esto significa, asimismo, que todos los miembros de la sociedad tienen un cometido, y por eso, *quien no trabaja, no come*[14]. De hecho, en las constituciones de los estados socialistas, el trabajo no solo aparece como un derecho sino también como un deber hacia la comunidad.

El sistema político socialista

En el campo de acción política, el socialismo establece un sistema político democrático. Esta democracia es diferente a la que se conoce en los países capitalistas.

En la democracia socialista (la que se practica en las **repúblicas populares**) se establecen asambleas de vecinos y trabajadores en los barrios y centros de trabajo. En estas asambleas todos los asistentes tienen derecho a participar en pie de igualdad. Aquí es donde se tratan los problemas locales y vecinales.

Además de las asambleas locales, existen asambleas de otros niveles, donde se tratan los problemas regionales y estatales. Para elegir a los representantes en estas asambleas de nivel superior, las asambleas locales proponen candidatos que luego se someterán a elecciones.

Vemos que no intervienen en ningún momento los *partidos políticos*, tan usuales en los sistemas políticos burgueses. Al contrario, en la democracia socialista las personas no necesitan afiliarse a ningún partido para presentarse como candidatas a las asambleas de ningún nivel.

---

14 Existe una excepción a esta regla: la gente que no puede trabajar, bien por su edad, por enfermedad, por discapacidad o por algún otro motivo. Estas personas se ven amparadas por el Estado y su sistema de seguridad social.

Al contrario de lo que predican los medios burgueses, la ausencia de partidos hace más accesible la política. En las democracias burguesas, la política solo es accesible a los que logran escalar dentro de alguno de los grandes partidos, puesto que el ascenso de cualquier otro partido dependerá de los recursos económicos de que disponga (y, por tanto, de los tratos de favor que ese partido reciba por parte de la burguesía, poseedora del dinero y los recursos). Por el contrario, la existencia de asambleas de base en los sistemas socialistas, donde todos los asistentes tienen voz y voto, reparte el poder de decisión entre todas las personas trabajadoras.

Por este motivo, las elecciones en los países socialistas tienen niveles muy altos de participación, mientras que en los sistemas capitalistas la clase trabajadora suele desencantarse de la política e incluso deja de votar, dado que ha comprobado que su opinión no es tenida en cuenta.

Los derechos sociales bajo el socialismo

Se comprueba que el socialismo defiende y garantiza los derechos sociales de la clase trabajadora de una manera fehaciente, al contrario de lo que ocurre con el capitalismo.

El **derecho al trabajo** no existe en una sociedad capitalista, en la cual la economía está distribuida de manera anárquica y atendiendo solo al lucro del burgués. De este modo, la persona trabajadora se ve sumida en la incertidumbre que conlleva este tipo de economía: no sabe cuánto tiempo va a estar trabajando, ni de qué, ni si podrá mantenerse ella misma y a su familia con el salario que recibirá, en el caso de que trabaje. Ya hemos visto que esto no ocurre en el socialismo, donde el trabajo se reparte entre todos los miembros de la sociedad, y por lo cual ninguno queda desempleado.

El **derecho al descanso** no existe en el capitalismo. La limitación de la jornada de trabajo solo la consiguen los trabajadores después de décadas de lucha obrera, y cuando esta lucha se relaja, los gobiernos burgueses vuelven a retroceder en las condiciones laborales. Esto se está comprobando en Europa, donde en los últimos 20 años han empeorado las condiciones laborales, ha aumentado el tiempo semanal de trabajo y se ha retrasado la edad de jubilación. Igualmente, los regímenes capitalistas no contemplan el **derecho a la salud** de sus ciudadanos. Aunque los llamados «estados del bienestar»[15] han establecido sistemas de sanidad pública, estos sistemas suelen estar infrafinanciados y, por tanto, su funcionamiento es mucho peor que la sanidad privada, por lo cual se produce una importante desigualdad entre quienes pueden permitirse pagar la sanidad privada y los que dependen del deficiente sistema público.

Es obvio que esto no ocurre en el socialismo, donde los derechos laborales están garantizados por el propio carácter de clase del gobierno, y con ellos la limitación de la jornada laboral y una edad adecuada de jubilación. Asimismo, en un Estado socialista no existe la sanidad privada, por lo que toda la ciudadanía recibe una atención sanitaria de calidad en el sistema público.

---

15 Los **estados del bienestar** son los estados capitalistas que, después de la Segunda Guerra Mundial, establecieron sistemas públicos de sanidad y educación, por miedo a que la desatención de estas necesidades empujara a la clase obrera a la revolución, a la imagen de lo que ocurrió en la Unión Soviética, China y otros países socialistas.

El **derecho a la educación** no está garantizado en el capitalismo. En la mayoría de los países capitalistas, la escolarización no es obligatoria o solo lo es en la teoría, mientras que en la práctica no se hace nada por fomentarla, ya sea porque no existan sistemas públicos de educación o porque estos sean deficientes. Al igual que pasa con la salud, incluso en los países que poseen un sistema público de educación, normalmente este está infrafinanciado y lleno de carencias (además de que no suele cubrir la educación superior), así que se genera desigualdad entre los que pueden pagar una educación privada y los que no pueden.

Evidentemente, esto no ocurre en los estados socialistas, donde la educación está garantizada y es gratuita para toda la población, incluyendo los estudios universitarios. De hecho, los estados socialistas son los que más rápido han disminuido el analfabetismo en su población, dado que la educación de toda la clase trabajadora es fundamental para alcanzar los objetivos socialistas.

En consonancia con lo que ocurre con la educación, el capitalismo no garantiza el **derecho a la cultura**. Las manifestaciones artísticas y culturales en los países capitalistas son las que promueve y financia la clase burguesa; la clase trabajadora, por su parte, solo puede acceder a la cultura en la medida en la que sus limitados recursos se lo permiten. En el estado socialista, la cultura y el arte son fomentados a todos los niveles, y todas las áreas de la vida pública, incluyendo los medios de comunicación de masas, están comprometidas con la difusión y la democratización de la cultura y el arte.

El comunismo

El socialismo garantiza cubrir las necesidades básicas de todos los trabajadores. Por otro lado, el socialismo remunera a los trabajadores según su rendimiento, de ahí la máxima socialista «*a cada uno, según su trabajo*».

Sin embargo, este sistema es naturalmente injusto. Si se retribuye a los trabajadores según su trabajo, es decir, según su rendimiento, esto mantiene o incluso acentúa las diferencias entre los trabajadores. No todos los trabajadores somos iguales, todos tenemos diferente forma física y desarrollo intelectual, y muchas de estas diferencias tienen su origen en las desigualdades del capitalismo en el que nacieron y crecieron los trabajadores. Por eso, unos podrán desempeñar más cantidad de trabajo que otros.

Hemos dicho, al principio, que el socialismo es un sistema de transición. Es decir, el objetivo no es establecerlo y vivir en él, sino ir allanando el terreno hacia el comunismo. Por eso el socialismo ha de educar a toda la población en los valores comunistas, además de optimizar y perfeccionar el sistema económico y la producción.

El **comunismo** es un sistema en el que todo el mundo trabaja en sociedad, y donde cada uno recibe cuanto necesita. De ahí que la máxima del comunismo sea «*de cada cual según su capacidad, a cada cual según su necesidad*».

Además, el comunismo lleva aparejada la desaparición del Estado como institución política. En una sociedad sin clases, en la que no existe la explotación y las necesidades de la población están cubiertas, el Estado no tiene razón de ser[16]. En su lugar solo se mantiene una estructura de planificación económica.

Para que se pueda alcanzar el comunismo, es necesario que se den algunas circunstancias:

- Abundancia de recursos. El estado de la ciencia, la tecnología y la producción debe ser tal que se produzca sin problemas la cantidad suficiente de productos para cubrir las necesidades de todos los trabajadores. En una sociedad con abundancia de recursos, desaparece la avaricia y el acaparamiento.

- Asimismo, la tecnología debe haber avanzado lo suficiente, para que la fabricación de productos básicos esté tan avanzada que el trabajo imprescindible sea mínimo. Esto permitirá a las personas emplear su tiempo en actividades creativas, relacionadas o no con la producción.

- El socialismo debe haberse alcanzado a nivel mundial. Esto es necesario para la abolición del Estado; de lo contrario, la existencia de la clase burguesa en el exterior propiciaría ataques contra la sociedad comunista. Este papel defensivo lo debe cumplir el Estado socialista hasta que ya no sea necesario.

- Se deben haber eliminado las diferencias entre el trabajo manual y el intelectual. De este modo, todo el mundo es capaz de realizar trabajos de ambos tipos, y las personas

16 El Estado es el instrumento de dominación de una clase sobre otra, como indica Engels. En las sociedades primitivas, donde no había clases, tampoco existía el Estado, que solo surgió cuando la clase dominante necesitó defender su propiedad privada. Por eso, en una sociedad sin clases, el Estado carece de sentido.

pueden elegir libremente la ocupación que más les permita realizarse y desarrollarse. Para esto, la educación socialista debe haber formado a todas las personas en ambos tipos de trabajo.

En la sociedad comunista desaparecen, por tanto, la producción mercantil y el dinero. Gracias a la planificación, lo que se produce es lo que se necesita, y por eso no es necesario acumular el trabajo en forma de dinero para intercambiar.

Por todo lo expuesto, el comunismo garantiza la *igualdad social en la abundancia.*

Para leer más

- Academia de Ciencias de la URSS, *Manual de economía política,* Ed. Grijalbo, México, 1956, capítulos III y XXII.

- Academia de Ciencias de la URSS, *Manual de marxismo-leninismo,* Ed. Grijalbo, México, 1960, capítulos V y XXIV.

- Harnecker, Marta, *Cuaderno de educación popular n.º 7 "Socialismo y comunismo",* Ed. Akal, 1979.

- Bujarin, Nikolai, *El ABC del comunismo.*

- Texto clásico: Lenin, Vladimir, *El Estado y la revolución.*

12. EJEMPLOS HISTÓRICOS DE SOCIALISMO

El socialismo es un sistema que ya ha existido y ha sido puesto a prueba en diversas partes del mundo, unas con mejor suerte que otras.

Revoluciones socialistas

Las revoluciones socialistas de las que hemos hablado no son conceptos teóricos: se han dado en diferentes países del mundo a lo largo de la historia. Algunos ejemplos son:

- En 1870, en París (Francia), se formó la Comuna de París. Fue un experimento sociológico muy efímero pero que sentó las bases de lo que podría ser una sociedad socialista.

- En 1917, en Petrogrado (Imperio Ruso), una huelga industrial se extendió a otros sectores de la economía y acabó con el derrocamiento del gobierno zarista. Pocos años después se había formado la Unión Soviética.

- En el año 1949 finalizó en China la guerra civil, que había enfrentado a los comunistas y a los nacionalistas. Tras ella, se instauró en este país la república popular.

- En 1959, en Cuba, un levantamiento popular consiguió que el dictador huyera y se pudiera proclamar la república popular.

- En 1983, en Burkina Faso, se produjo una revolución popular que llevó al poder al presidente Thomas Sankara, que comenzó a llevar a cabo medidas para mejorar el nivel de vida del pueblo burkinés.

Vamos a ver ahora en detalle algunos de estos sistemas socialistas.

Cuba

La isla de **Cuba** es un estado que consiguió su independencia nominal tras la *Guerra Hispanoamericana* de 1898. En esa guerra, los Estados Unidos ocuparon la isla y poco después, en 1902, le concedieron la independencia, pero bajo unas determinadas condiciones. En la práctica, estas condiciones suponían la subordinación política y económica de la isla a los intereses estadounidenses[17]. Estas condiciones incluían la prohibición de negociar tratados con otros países o el derecho de los Estados Unidos de intervenir militarmente en Cuba cuando viera amenazadas «las propiedades de los ciudadanos estadounidenses».

La clase trabajadora cubana intentó una revolución en 1933 y estableció un gobierno que duró cuatro meses, antes de ser

---

17   Esto pasa hoy en muchos otros países de América y Oceanía.

aplastada por los Estados Unidos, quienes impusieron a Fulgencio Batista como dictador en la isla.

Esta situación duró hasta la década de 1950, cuando diversas revueltas derrocaron el gobierno de Batista y lo sustituyeron por un gobierno revolucionario. Desde esta época de revueltas, los Estados Unidos, el país más cercano a Cuba, la han sometido a un bloqueo económico que prohíbe a los ciudadanos estadounidenses comprar y vender productos en Cuba o incluso visitar la isla[18].

Debido al bloqueo de su vecino más cercano y poderoso y de sus aliados, Cuba se veía obligada a comerciar con países más lejanos. La existencia de países ideológicamente afines constituía un importante mercado para Cuba: la Unión Soviética, China y Europa Oriental. Sin embargo, en 1990 los sistemas económicos socialistas de estos países son desmantelados en su mayoría y Cuba se queda sin la mayor parte de su mercado comercial. Esto constituye el *periodo especial*, en el que las condiciones económicas fueron desfavorables para el país y tuvieron que adoptar medidas estrictas para garantizar la supervivencia de toda la población. A finales de la década ya habían conseguido recuperarse económicamente y retomar el nivel de vida de la década anterior.

Incluso bajo estas difíciles condiciones económicas, Cuba ha instaurado un eficiente sistema socialista donde todo el mundo disfruta de una vivienda y tiene sus necesidades alimenticias cubiertas, además de tener a su alcance una educación y un sistema sanitario gratuitos y de primer nivel. Cuba es el país de América Latina con menos analfabetismo y menor índice de

---

18 El daño que este bloqueo hace a la economía cubana es muy grave. Los Estados Unidos son el país más cercano a Cuba y con el que más barato le resultaría comerciar. Tener que comerciar con otros países más lejanos significa que se pierde mucho más dinero en transporte: los productos resultan más caros.

desnutrición según las Naciones Unidas, aparte de ser el país con más médicos del mundo, muestra de su buen sistema educativo.

El sistema político de Cuba es socialista y funciona tal y como describimos en el capítulo anterior. Cada cinco años hay elecciones a la Asamblea Nacional del Poder Popular, un órgano legislativo de 612 miembros; en estas elecciones se alcanza una participación de más del 95% de los electores. No es un sistema partidista: a las elecciones no se presentan partidos sino personas, así que no hay lugar para propaganda partidista; las candidatas pueden pertenecer a cualquier partido político pero deben ir en su nombre propio. Las personas candidatas son presentadas por las asambleas locales, y luego han de convencer al electorado.

Por otro lado, los representantes políticos no reciben una remuneración especial por esta labor política, sino que el Estado socialista les garantiza la misma retribución que cobraban en el empleo que desempeñaban antes de dedicarse a la política.

En cuanto a la economía, en Cuba se da la planificación estatal según los principios socialistas. Así, a cada persona le corresponde una cierta cantidad de alimentos que puede adquirir a precios bajos en las tiendas estatales. Aparte de esta cantidad, también pueden comprar más comida a precios más altos y variables, pero todo el mundo tiene derecho a una cantidad suficiente a los precios bajos fijados por el gobierno.

La Unión Soviética

A principios del siglo xx el Imperio Ruso era uno de los países más grandes del mundo. Había abandonado el feudalismo oficialmente a mediados del siglo xix, pero las relaciones de producción en el campo seguían siendo feudales en su mayoría, y los obreros industriales vivían en unas condiciones laborales muy precarias. La entrada del país en la Primera Guerra Mundial, en contra de los deseos de la población, sumada a sus desastrosos resultados, llevaron en 1917 a la revolución burguesa de febrero y a la revolución socialista de octubre, esta última encabezada por el partido bolchevique (liderado por Lenin).

La revolución de octubre de 1917 fue la primera revolución socialista del mundo que triunfó, y por eso la burguesía respondió con especial virulencia, declarando la guerra civil al nuevo gobierno y buscando apoyo en las burguesías de otros países europeos, que la socorrieron inmediatamente. Tras tres años de guerra civil, el gobierno socialista ganó la guerra y comenzó a encarar las tareas de construcción del Estado socialista.

El Estado socialista que se estableció en el lugar del Imperio Ruso es el que se vino en llamar Unión de Repúblicas Socialistas Soviéticas (URSS), o **Unión Soviética**. Este nombre tiene su origen en las asambleas vecinales que se organizaron en cada barrio y en cada pueblo, que en ruso reciben el nombre de *sóviets* y que forman la base de la democracia socialista. La Unión Soviética, además, tenía una estructura federal: reconocía soberanía a las naciones que vivían en su territorio (a diferencia del Imperio Ruso, que las había intentado rusificar[19]).

Bajo el gobierno socialista, se multiplicó la tasa de desarrollo de la Unión Soviética. Se estableció la igualdad entre hombres y

---

19 La *rusificación* fue el proceso por el cual el Imperio Ruso intentó anular las culturas de las diferentes naciones, prohibiendo sus lenguas propias e imponiendo en su lugar la lengua y la cultura rusas. La rusificación causó un gran daño a la salud de las lenguas autóctonas. La Unión Soviética, por el contrario, instauró la educación en esas lenguas, desarrollando también alfabetos y gramáticas para aquellas que no tenían.

mujeres en todos los aspectos, se eliminó el analfabetismo y la mortalidad descendió drásticamente, debido al establecimiento de la sanidad pública.

Industrializaron su país de una manera vertiginosa, de modo que la economía agraria feudal del Imperio Ruso pasó a ser una de las grandes potencias industriales del mundo en poco más de veinte años. La Unión Soviética sufrió el ataque directo del régimen nazi de Alemania en la Segunda Guerra Mundial, después de que Francia y Reino Unido rechazaran la alianza que los soviéticos habían propuesto; aun así, la Unión Soviética consiguió derrotar al gobierno nazi y liberar su capital, Berlín.

En los años posteriores, en la que se vino a llamar Guerra Fría, la Unión Soviética rivalizó económica y políticamente con los Estados Unidos, dándose efectivamente un «reparto» ideológico del mundo en dos esferas, la socialista y la capitalista. En esta época tuvo lugar la carrera espacial: la Unión Soviética consiguió poner en órbita el primer satélite, el primer animal (la perra Laika), el primer hombre (Yuri Gagarin) y la primera mujer (Valentina Tereshkova) en el espacio (los denominados **cosmonautas**). También fue soviética la primera estación espacial, la estación *Mir*.

Sin embargo, no todo en la Unión Soviética fueron buenas noticias. Hubo también algunos errores de bulto; Stalin, por ejemplo, después de purgar el Partido Comunista de elementos contrarrevolucionarios, declaró que la lucha de clases se había acabado y que el socialismo en la Unión Soviética estaba completamente alcanzado, de modo que se podía comenzar el camino a la siguiente etapa, la comunista. Esto se demostró falso con la llegada al poder de Jruschov en 1953, quien emprendió una serie de reformas económicas para dar más importancia al beneficio económico que a la producción social, contrariamente a los principios del socialismo.

Estas reformas fueron continuadas en los siguientes gobiernos soviéticos (Bréznev, Andropov, Chernenko) y supusieron un debilitamiento de la economía soviética, hasta que finalmente Gorbachov impulsó la liberalización (perestroika). La liberalización de Gorbachov supuso la llegada del desempleo (hasta 1988 desconocido, por la planificación de la economía) y el aumento de las desigualdades económicas. En 1991, el gobierno de Gorbachov declaró disuelta la Unión Soviética, dando la independencia a las repúblicas integrantes y eliminando así la planificación económica y política del país, en contra del deseo de la clase trabajadora soviética, que había votado en referéndum por la continuidad de la federación. Desde entonces, Rusia presenta niveles galopantes de pobreza y delincuencia, un acusado descenso en la natalidad y repuntes de la mortalidad, debidos al desmantelamiento de la seguridad social, a la inestabilidad económica y a la precariedad laboral.

Europa Oriental

Durante la Segunda Guerra Mundial, los países del Eje (en Europa hablamos de Alemania e Italia) habían invadido y sometido a gran parte de los estados del este de Europa. Con el avance de la guerra y la derrota del Eje por parte de los aliados, se establecieron en estos lugares nuevos estados con sus respectivos gobiernos.

Estos estados, que en su mayoría habían sido liberados por el Ejército de la Unión Soviética, rápidamente evolucionaron hacia posiciones socialistas y afines a la URSS. Entre 1945 y 1949 se establecieron en estos países diversas repúblicas populares

(Polonia, Checoslovaquia, Rumanía, Bulgaria y Hungría). También se establecieron repúblicas socialistas en Yugoslavia y Albania, aunque estos dos países no eran afines a la URSS.

El mayor incidente ocurrió en Alemania, que se había mantenido administrada por los cuatro ejércitos vencedores de la guerra. Mientras que la URSS proponía establecer en Alemania un Estado neutral y democrático, los aliados imperialistas (Reino Unido, Francia y los Estados Unidos) se negaban a esa opción, y decidieron establecer por su cuenta una república capitalista en el territorio que ocupaban. La zona ocupada por la Unión Soviética, por su parte, declaró unos meses más tarde la república popular, la **República Democrática Alemana** (RDA).

Durante sus primeros años de existencia, la RDA fue objeto de continuos ataques económicos por parte de la Alemania capitalista y sus aliados, sobre todo centrados en la ciudad de Berlín, cuya mitad occidental pertenecía a la Alemania capitalista y la oriental a la RDA. Este fue el motivo de que, en 1961, la RDA decidiera levantar un muro para aislar la parte capitalista y evitar los ataques económicos[20]. El **muro de Berlín** estuvo en pie hasta 1989.

Estos estados socialistas de Europa Oriental, junto con otros estados socialistas del mundo (Mongolia y, posteriormente, Cuba y Vietnam), colaboraban íntimamente en materia de planificación económica y militar, estableciendo respectivamente el *Comecon* (en castellano CAME, Consejo de Ayuda Mutua Económica) y el *Pacto de Varsovia*.

---

20 Estos ataques económicos incluían, por ejemplo, ofrecer condiciones ventajosas a los trabajadores cualificados de la RDA para que renunciaran a trabajar en la RDA. Así, estos trabajadores cualificados generaban riqueza en la Alemania capitalista pero consumían servicios públicos en la RDA, lo que causaba un empobrecimiento.

Con el estancamiento de la Unión Soviética a finales de la década de 1980 y la fuerte presión imperialista, todas estas repúblicas populares cayeron y retrocedieron al capitalismo. Su economía se vio fuertemente perjudicada, si bien recibieron fuertes inyecciones de capital por parte de los países occidentales para permitir su integración militar en la OTAN[21] y política en la Unión Europea.

China

A principios del siglo xx **China** era un país agrario y feudal dominado por la dinastía Qing. En 1911 los nacionalistas chinos organizan la revolución burguesa y destronan al emperador, pero no logran establecer un gobierno estable, dejando China fragmentada en diferentes gobiernos despóticos locales.

Esto llevó a los comunistas chinos a organizarse y a convocar una serie de eventos que crearían conciencia, sobre todo la Larga Marcha de 1934-35. De ahí que en 1946, finalmente, los trabajadores se levantaran contra el gobierno nacionalista y, después de tres años de guerra, consiguieron establecer en China la república popular, que fue dirigida por Mao Tse-Tung.

En China el movimiento comunista tenía características muy particulares, debido a que la sociedad era, en su mayoría, agrícola, y la producción industrial apenas existía. Por eso, la revolución fue hecha principalmente por campesinos, y no por trabajadores

---

21 La OTAN (Organización del Tratado del Atlántico Norte) es una organización política internacional, creada en 1949, cuyo objetivo es defender militarmente los intereses de los países capitalistas de América del Norte y Europa, con los Estados Unidos a la cabeza. Durante la Guerra Fría representó una seria amenaza para los países socialistas, que, para defenderse, firmaron el Pacto de Varsovia en 1955, como respuesta.

industriales como en Rusia. Esto llevó al gobierno a tomar medidas diferentes.

No obstante, algunas de ellas tuvieron unas consecuencias desastrosas. El mayor ejemplo es el llamado *Gran Salto Adelante*: el gobierno trazó una serie de medidas para impulsar la producción industrial del país. Estas medidas, sin embargo, no fueron correctamente planificadas y sus efectos no se estudiaron con detenimiento; el abandono del campo y la meteorología adversa hicieron que China pasara por una grave hambruna y su economía se redujera en lugar de crecer.

Mao murió en 1976, habiendo convertido un país agrícola de población analfabeta (80% en 1949) en un país con una cultura floreciente y una esperanza de vida 20 años más alta. Sin embargo, tras su muerte, su sucesor Deng Xiaoping introdujo reformas económicas para permitir la propiedad privada. Hoy en día, China tiene una economía de mercado.

Otros países

En la Segunda Guerra Mundial, Japón invadió la península de Corea, que tras su derrota quedó dividida en dos zonas, una administrada por la URSS y otra por los Estados Unidos. Estos últimos proponían convertir Corea en un Estado capitalista más, pero la URSS no aceptó ese plan y dio su apoyo a las asambleas populares que habían surgido en Corea. Finalmente, la parte sur, ocupada por los Estados Unidos, declaró un gobierno capitalista, y el norte respondió declarando la República Popular Democrática de Corea (**Corea del Norte**).

La persecución y los continuos ataques a trabajadores comunistas en el sur, aparte de las continuas provocaciones militares del ejército del sur hacia el norte, llevaron a la RPDC a invadir Corea del Sur. Durante tres años ambas Coreas libraron una guerra que se quedó en punto muerto en el armisticio de 1953. Desde entonces, Corea del Norte es un país con algunas características socialistas, pero que sigue en alerta porque, oficialmente, la guerra no ha terminado (Corea del Sur y los Estados Unidos se niegan a firmar un tratado de paz). Esta situación de guerra no le permite desarrollarse plenamente como Estado socialista, además de los embargos comerciales que sufre por parte de los Estados Unidos y Corea del Sur.

En cuanto al resto del mundo, en los países árabes ha habido gobiernos que han combinado elementos socialistas con rasgos de la cultura tradicional, como ha ocurrido en Egipto, Siria, Irak, Libia o Túnez. Estos países apenas conservan ya elementos socialistas; algunos incluso han sido invadidos por los Estados Unidos para eliminar estos elementos de sus gobiernos (caso de Irak, Siria o Libia).

EL MATERIALISMO DIALÉCTICO

13. Idealismo y materialismo

En esta sección del libro estudiaremos el origen de la ideología obrera que hemos expuesto en las tres secciones anteriores. Este origen tiene una base filosófica, que veremos a continuación.

La filosofía

La filosofía es una disciplina que tiene por objetivo explicar el mundo, la naturaleza, las personas.

Desde el principio, la filosofía se ha encontrado con dos clases de conceptos: la materia (las cosas materiales) y el pensamiento, el espíritu, las ideas (las cosas que no son materiales). La cuestión fundamental de la filosofía se presenta acerca de las relaciones entre la materia y el pensamiento.

Las personas de la Antigüedad atribuían a seres sobrenaturales todo aquello a lo cual no encontraban explicación, y de ahí que creyeran en espíritus y almas que eran independientes de los cuerpos. Estas creencias evolucionaron a las religiones politeístas, y luego a las monoteístas que conocemos hoy.

Con todo esto, la cuestión fundamental de la filosofía se reflejó en muchas religiones, y podría resumirse en la pregunta: *¿el mundo ha sido creado por Dios, o Dios ha sido creado por el mundo?*

Según su respuesta, los filósofos se han dividido en dos grandes líneas. Los que han mantenido que Dios ha creado el mundo, siguiendo una línea no científica, forman el campo del **idealismo**. Los que, por otro lado, han dado una explicación científica a la realidad y han defendido que es la materia la que crea las ideas (y, entre ellas, a Dios), forman el campo del **materialismo**. Para los idealistas, el mundo no es una realidad objetiva, sino subjetiva, puesto que solo existe por cuanto percibimos sobre él; los materialistas ven el mundo como una realidad objetiva, independiente de quien lo percibe.

Estas dos vertientes se enfrentan si enfocamos la misma cuestión desde otro punto de vista, como por ejemplo, *¿por qué piensan las personas? ¿Es porque tienen un alma, o porque tienen un cerebro?*

El idealismo

El **idealismo** filosófico es una doctrina que explica el mundo a través del pensamiento, y afirma que es el pensamiento el que produce la materia.

Los idealistas aseguran, por tanto, que el mundo no existe fuera de nuestro pensamiento, sino que las cosas que creemos conocer no son más que un reflejo de nuestras ideas.

Esta corriente de pensamiento es la que fundamenta la teología y las religiones, puesto que estas afirman que el mundo y la materia fueron creados por dioses, y los dioses no son seres materiales. A la pregunta de por qué piensan las personas, el idealismo responde que lo hacen porque tienen alma.

El idealismo sostiene los siguientes argumentos:

- El espíritu crea la materia.

- El mundo no existe fuera de nuestro pensamiento.

- Son nuestras ideas las que crean las cosas.

- No existe «una» verdad, ya que depende de la percepción de cada persona.

El materialismo

Para el **materialismo** filosófico, la materia es el elemento primordial y de ella se deriva el pensamiento, las ideas, el espíritu. Por este motivo, los materialistas no consideran que el mundo lo haya creado ningún dios.

El materialismo, por tanto, afirma que las personas piensan porque tienen un cerebro, y que los objetos y los seres que nos rodean existen independientemente de nosotros.

El método científico, cuya esencia es la comprobación de experimentos y la repetibilidad de estos experimentos por observadores diferentes, se sustenta directamente en el materialismo: dado que los objetos y la materia tienen existencia independiente de nosotros, podemos hacer diferentes observaciones para conocer la realidad de dichos objetos y materia.

El materialismo sostiene las siguientes afirmaciones:

* La materia es la que produce el espíritu, no se ha visto espíritu sin materia.

* La materia existe fuera de todo espíritu y no necesita espíritu para existir.

* Somos capaces de conocer el mundo y cada vez lo hacemos mejor gracias a las ciencias.

Metafísica y dialéctica

Tanto el idealismo como el materialismo pueden presentar diferentes enfoques, que están relacionados con la mutabilidad de las cosas, con su posibilidad de transformarse o de sufrir cambios. Ambos pueden ser expuestos desde una concepción metafísica o dialéctica.

La concepción **metafísica** es la que se centra en la identidad de las cosas. Por ejemplo, si reformo mi casa y cambio las puertas, las ventanas y el suelo e instalo aire acondicionado, con el objetivo de pasar menos frío en invierno y menos calor en verano, para la concepción metafísica mi casa será la misma, a pesar de haber hecho la reforma.

Además, la metafísica contempla los conceptos aislados unos de otros. De ahí que, por ejemplo, para un metafísico la economía y la política son dos disciplinas independientes, ignorando las relaciones que existen entre ellas. Por esto, la metafísica considera los conceptos como absolutos e intemporales, porque los aísla de su contexto.

Por ejemplo, la metafísica puede concluir que el salario mínimo en España es alto, porque es el doble que en Bulgaria, ignorando el coste de la vida en ambos países.

A la concepción metafísica se le opone la **dialéctica**. La dialéctica considera fundamental tener en cuenta los continuos cambios que está sufriendo la realidad, la naturaleza.

La dialéctica contempla los objetos e ideas siempre rodeados por un contexto y en constante interacción con él; considera que todo concepto u objeto es el resultado de una serie de procesos, y además estará sometido a otros procesos, que lo llevarán a nuevos cambios.

El materialismo dialéctico

El **materialismo dialéctico** no es más que la aplicación de la concepción dialéctica a la corriente de pensamiento materialista.

El materialismo dialéctico postula que la materia es la sustancia primordial, y de ella emanan las ideas, y no al revés. Sin embargo, para estudiar la materia, esta no puede ser considerada como una realidad inmutable, sino que hay que tener en cuenta sus cambios y el contexto que la rodea.

Esta concepción filosófica no deja de ser la misma que han utilizado siempre las ciencias naturales, y que ha permitido que mejoremos nuestro conocimiento de ellas. Las ciencias naturales estudian los fenómenos naturales como entidades en continua relación con su entorno, y como resultado y origen de otros procesos, estando siempre abiertas a modificar sus interpretaciones y explicaciones a raíz de lo observado en la experimentación.

Sin embargo, la aplicación de esta concepción filosófica en las ciencias sociales es relativamente nueva.

El materialismo histórico

El **materialismo histórico** es la aplicación del materialismo dialéctico al estudio de la historia.

Se centra en el estudio de las relaciones de producción, de la economía de cada época histórica, y el análisis de la historia atendiendo a estos fenómenos económicos, que son valorables objetivamente.

Dado que las relaciones de producción son las que crean y establecen las clases sociales, el materialismo histórico pone la lucha de clases en el centro del desarrollo histórico. Por eso, se aparta de otras clases de análisis de la historia basados en criterios idealistas.

El materialismo histórico afirma, pues, que lo que mueve a evolucionar a una sociedad son sus condiciones materiales (económicas), y no los deseos ideales como la libertad o el progreso. Es decir, que *el motor de la historia es la lucha de clases.*

El materialismo dialéctico y el materialismo histórico son las bases filosóficas del marxismo.

Para leer más

- Politzer, Georges, *Principios elementales de filosofía.*

- Colectivos de Jóvenes Comunistas, *El materialismo dialéctico.*

- Academia de Ciencias de la URSS, *El materialismo histórico*, Ed. Grijalbo, México, 1960.

- Harnecker, Marta, *Conceptos elementales del materialismo histórico*, Ed. Akal, 1979.

14. FILOSOFÍA E HISTORIA DEL SOCIALISMO. KARL MARX

La segunda mitad del siglo XVIII, con la aparición y expansión del capitalismo en los países de Europa occidental, supuso un empeoramiento del nivel de vida de las masas trabajadoras. La Ilustración, tras la revolución burguesa de 1789 en Francia, dio como resultado un estado de derecho burgués, hecho por burgueses y para burgueses.

Esta situación fue la que llevó al desarrollo de las ideas socialistas en Francia e Inglaterra, concretamente a los llamados *socialistas utópicos* (Saint-Simon, Fourier, Owen). Estos socialistas describían una sociedad donde toda la humanidad estuviera emancipada. Sin embargo, ignoraban las condiciones objetivas que se daban en la sociedad de la época, por lo cual rechazaban el concepto de lucha de clases. En su lugar, propugnaban que la burguesía llegara al compromiso de mejorar las condiciones de vida de todos, también de la clase trabajadora e incluso instaurando el socialismo, sin más motivación que las buenas intenciones.

Tras el restablecimiento del absolutismo político después de las guerras napoleónicas, el desarrollo económico y el progreso del capitalismo acabó desencadenando las *revoluciones burguesas de 1848*. Estas revoluciones configurarían definitivamente el nuevo orden social capitalista.

Es precisamente en este momento cuando se difunden las ideas del **socialismo científico**, promulgadas por **Karl Marx** y **Friedrich Engels**. Marx y Engels hicieron evolucionar el socialismo utópico, aplicando para ello la filosofía materialista dialéctica. Eso los llevó a desarrollar las teorías de la lucha de clases, en las que se basa el marxismo.

El **marxismo** es, por lo tanto, la ideología que aglutina las teorías filosóficas y económicas de Marx.

Vida y obra de Marx

Karl Marx nació en 1818 en Tréveris (Prusia), y desde su juventud destacó por su inteligencia e inquietudes. Empezó los estudios de derecho en Bonn, pero después de un año se trasladó a Berlín, donde tuvo el primer contacto con el mundo de la filosofía.

En 1841 empezó a colaborar en un periódico de oposición al gobierno (*la Gaceta Renana*), en el que denunciaba las condiciones laborales de los trabajadores de la época. Por este motivo las autoridades cerraron el periódico en 1843. Posteriormente emigró a París (Francia), donde conoció a Friedrich Engels, con quien elaboraría sus más importantes teorías filosóficas e históricas.

En 1848, después de ser expulsado también de París, publicó junto a Engels el *Manifiesto del Partido Comunista*, una obra que describe las ideas y conceptos fundamentales de la lucha de clases.

En 1849 emigró a Londres, donde escribió sus más importantes obras sobre el materialismo dialéctico e histórico. Entre ellas se incluye *El Capital*, su obra cumbre y la mejor descripción del capitalismo que se haya hecho. Escrita en tres tomos, solo el primero fue publicado durante la vida de Marx, mientras que los otros dos fueron publicados de manera póstuma gracias a Engels.

Marx murió en 1883, enfermo y pobre, pero dejando tras de sí un rico legado de ideas que abrieron el camino de la emancipación obrera.

El marxismo-leninismo

La muerte de Marx no significó el fin de sus ideas, sino todo lo contrario. A raíz de sus enseñanzas, los trabajadores de todo el mundo empezaron a organizarse para preparar su emancipación por diferentes medios.

El primer lugar donde se dieron las condiciones para la revolución socialista fue Rusia, como comentábamos en el capítulo 12. El primer amago de revolución ocurrió en 1905, cuando las lamentables condiciones laborales de los obreros industriales rusos los llevaron a protestar contra el zar, pero esta revolución fue duramente reprimida. En 1917, sin embargo, la revolución socialista fue exitosa y ampliamente apoyada por la clase trabajadora rusa.

Entre los revolucionarios de 1917 tuvo un papel preponderante Vladimir Ilich Ulianov, *Lenin*. Lenin completó las ideas de Marx dándoles un enfoque pragmático, que posteriormente puso en práctica tras la revolución. De ahí que la ideología de Marx y Lenin haya recibido el nombre de **marxismo-leninismo**.

De hecho, Lenin aportó las ideas fundamentales sobre la organización del partido comunista, el centralismo democrático o la dictadura del proletariado. También analizó la fase imperialista del capitalismo y sus consecuencias en el movimiento obrero mundial.

Lenin murió en 1924, habiendo ayudado a establecer el primer Estado socialista de la historia. A su muerte, el marxismo-leninismo no quedó estancado, sino que se ha ido enriqueciendo con las ideas de muchos otros pensadores marxistas. Estas ideas han supuesto grandes aportaciones a la teoría de la lucha obrera, aun cuando algunas propugnan acciones o teorías enfrentadas.

No es objeto de este libro hablar de todas las corrientes de pensamiento marxista, pero Rosa Luxemburgo, Antonio Gramsci, Ernesto 'Che' Guevara, Mao Tse-Tung o Fidel Castro son autores imprescindibles si se quiere ahondar más en el conocimiento del marxismo.

Para leer más

- Fundación de Investigaciones Marxistas, *Acercarse a Carlos Marx*, Ed. Atrapasueños, 2007, Sevilla.

APÉNDICES

BIBLIOGRAFÍA

Si os interesa leer más sobre el socialismo, aquí os dejo una lista de libros que podéis consultar. Tratan los mismos temas de este libro pero en mucho más detalle.

Pueden obtenerse de manera sencilla y barata en librerías de segunda mano, en bibliotecas o en Internet (la mayoría son de dominio público).

Textos didácticos de iniciación:

- Marta Harnecker, *Cuadernos de educación popular*.

- Nikolai Bujarin, *El ABC del comunismo*.

- Manuel Muñoz Navarrete, *Principios aplicados de marxismo-leninismo*.

Textos clásicos:

- Karl Marx y Friedrich Engels, *Manifiesto del Partido Comunista*.

- Friedrich Engels, *Principios del comunismo*.

- Karl Marx, *El 18 Brumario de Luis Bonaparte*.

- Karl Marx, *Crítica al programa de Gotha*.

- Rosa Luxemburgo, *Reforma o revolución*.

- Vladimir Lenin, *Tres fuentes y tres partes integrantes del marxismo*.

- Vladimir Lenin, *El Estado y la revolución*.

- Vladimir Lenin, *¿Qué hacer?*

Textos sobre economía:

- Marcelo Isacovich, *Introducción a la economía política*.

- Karl Marx, *Trabajo asalariado y capital*.

- Karl Marx, *Salario, precio y ganancia*.

- Karl Marx, *El Capital*.

- Academia de Ciencias de la URSS, *Manual de economía política*.

- Francisco Chaparro Zapana, *Teoría económica del capitalismo (análisis marxista actualizado)*.

Otros textos de consulta:

- Academia de Ciencias de la URSS, *Manual de marxismo-leninismo*.

AGRADECIMIENTOS

En primer lugar, quiero dar las gracias a mi sobrina Candela, cuyas inquietudes por la sociedad me inspiraron para escribir este libro.

A mi hermana Mely por animarme a autopublicar el libro y a mi hermana Raquel, por ilustrarme la versión juvenil.

A Fede, por brindarme su apoyo mientras escribía y terminaba la primera edición.

A mi camarada Likos, por darme su opinión sobre el boceto y ayudarme a corregir algunas cosas que no quedaban claras.

A mi amiga Almudena por aportar el magnífico diseño que se ve en la portada.

Y, en definitiva, a ti, por haberte interesado por el marxismo y por haber leído este texto.

LA INTERNACIONAL

La Internacional es el himno del movimiento obrero. Su letra original fue escrita en francés en 1871 y su música data de 1888. En castellano existen diversas letras para la misma música; aquí reproducimos la más común entre los movimientos comunistas.

Arriba, parias de la tierra,
en pie, famélica legión;
atruena la razón en marcha,
es el fin de la opresión.

Del pasado hay que hacer añicos,
legión esclava en pie a vencer,
el mundo va a cambiar de base,
los nada de hoy todo han de ser.

Agrupémonos todos
en la lucha final.
El género humano
es la Internacional.

Ni en dioses, reyes ni tribunos
está el supremo salvador.
Nosotros mismos realicemos
el esfuerzo redentor.

Para hacer que el tirano caiga
y el mundo siervo liberar,
soplemos la potente fragua
que el hombre libre ha de forjar.

Agrupémonos todos
en la lucha final.
El género humano
es la Internacional.

La ley nos burla y el Estado
oprime y sangra al productor.
Nos da derechos irrisorios,
no hay deberes del señor.

Basta ya de tutela odiosa,
que la igualdad ley ha de ser.
No más deberes sin derechos,
ningún derecho sin deber.

Agrupémonos todos
en la lucha final.
El género humano
es la Internacional.

ÍNDICE DE CONCEPTOS

alienados 87
asalariados 19
boicot 79
burgueses 19, 59
caja de resistencia 74
capital 33
capitalismo 33
capitalistas 19, 33, 59
centralismo democrático 95
centralización del capital 43
China 119
cierres patronales 79
clase media 64
clase social 57
clasismo 91
colonias 48
comité de empresa 80
comunidad primitiva 24
comunismo 108
conciencia de clase 69, 83
cooperativas 20
Corea del Norte 120
cosmonautas 116
crisis de superproducción 42
Cuba 112
delegadas/os de personal 80
desarrollo sostenible 54
desempleo 40
dialéctica 129
dictadura del proletariado 102
dinero 15
elecciones sindicales 80
empresarios 19
esclavismo 25

esquiroles 77
estados del bienestar 106
feudalismo 27
Friedrich Engels 134
fuerza de trabajo 18
funcionariado 63
gremios 29
hegemonía 87
huelga 69, 73
huelga de celo 78
huelga general 77
huelgas sectoriales 77
idealismo 126
imperialismo 47
jornaleros 59
Karl Marx 134
La Internacional 143
Lenin 135
ley del valor 13
lucha de clases 20, 62
lucha económica 71
lucha ideológica 83
lucha política 93
lumpemproletariado 62
machismo 92
manifestación 72
marxismo 134
marxismo-leninismo 136
materia prima 17
materialismo 127
materialismo dialéctico 129
materialismo histórico 130
medios de producción 18
medios de trabajo 17

metafísica	128	revolución socialista	99
monopolio	44	rompehuelgas	77
muro de Berlín	118	sabotaje	78
obreros	58	salario	19, 35
partido comunista	94	siervos de la gleba	28
partido obrero	70	sindicato amarillo	80
partido político	94	sindicatos	69, 71
patronos	19	socialismo	100
pequeñoburgueses	60	socialismo científico	134
persecución sindical	80	terratenientes	60
piquetes informativos	77	trabajadores	19, 58
plusvalía	37	trabajadores indirectos	20, 59
proletarios	58	trabajo adicional	37
propiedad privada	20	trabajo pagado	36
origen	25	Unión Soviética	115
racismo	92	valor de cambio	12
República Democrática Alemana	118	valor de uso	11
repúblicas populares	104	xenofobia	92

TRABAJADORES DE TODOS LOS PAÍSES,
¡UNÍOS!